全面战略管理指南
战略认知、模式、方法、能力

谢健民◎著

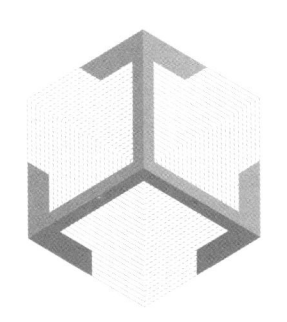

中国财富出版社有限公司

图书在版编目（CIP）数据

全面战略管理指南：战略认知、模式、方法、能力 / 谢健民著 . --北京：中国财富出版社有限公司, 2025.6. --ISBN 978-7-5047-8443-8

Ⅰ. F272.1-62

中国国家版本馆 CIP 数据核字第 2025JL0642 号

策划编辑	郑晓雯	责任编辑	步欣旻	版权编辑	武　玥
责任印制	尚立业	责任校对	庞冰心	责任发行	董　倩

出版发行	中国财富出版社有限公司		
社　　址	北京市丰台区南四环西路 188 号 5 区 20 楼	邮政编码	100070
电　　话	010-52227588 转 2098（发行部）	010-52227588 转 321（总编室）	
	010-52227566（24 小时读者服务）	010-52227588 转 305（质检部）	
网　　址	http：//www.cfpress.com.cn	排　版	宝蕾元
经　　销	新华书店	印　刷	宝蕾元仁浩（天津）印刷有限公司
书　　号	ISBN 978-7-5047-8443-8/F·3819		
开　　本	880mm×1230mm　1/32	版　次	2025 年 7 月第 1 版
印　　张	5.625	印　次	2025 年 7 月第 1 次印刷
字　　数	86 千字	定　价	52.00 元

版权所有·侵权必究·印装差错·负责调换

致 谢

感谢我的父母，他们赋予我爱与生命！

感谢我的家人，他们一直支持我做自己热爱的事业！

感谢祖国，它让每个人都可以追求中国梦！

感谢IBM（国际商业机器公司）这家伟大的企业，它培育了我专业的素养和优秀的品质！

感谢我的企业客户伙伴，他们提出了很多有价值的问题并拓展了我的见识！

感谢那些优秀的战略家，他们拓宽了我的认知格局，并支撑我去开拓新的思想疆界！

序　言

这是一本关于"企业大脑"运行与管理的书

当大家在企业中说起战略的时候,这个概念常笼罩着某种不可言说的高深,即虽然不明白在说什么、做什么,但是感觉很厉害的样子。更值得注意的是,不同角色对战略有不同的认知和理解。这有点像人类对大脑的认知——大家都知道这个器官至关重要,但大脑究竟是如何产生思想,如何运作,如何影响人的行为和结果的?在大多数人眼中,这仍然是个无法窥探其运行逻辑的"黑匣子"。而本书致力于揭开"企业大脑"——战略系统的运作密码,系统阐释战略的本质特征、生成机制,及其对企业经营管理活动的影响,最终构建可操作的"大脑"升级方案,即企业战略管理能力提升体系。

作为一名具有复合多元从业经历的战略顾问，笔者在28年的职业生涯中，前半部分在国内外的大型企业从事企业管理工作，后半部分则在国际一流咨询公司为中国上百家中大型企业提供战略咨询服务。正是这种贯穿"甲方实践"和"乙方方法论"的双重视角，可以让笔者站在企业家经营的角度，用第三方咨询视角和方法，分析和解决企业面临的战略问题。在十余年的咨询生涯中，常常有客户询问："谢老师，能否推荐几本企业战略必读书？"每当这时，笔者都无法快速回应客户，因为脑海里无法立即浮现一个没有争议的必读书目。所以，最后笔者只能将自己曾经读过的一些经典企业战略书籍推荐给客户。但这些战略管理书籍一般存在以下三个问题：一是视角片面，往往从单一角度解读战略，缺乏普适性和系统性；二是内容复杂，原理和方法过于深奥，往往曲高和寡，难以被理解和应用；三是难以落地，未能充分结合企业实际经营管理活动。

因此，笔者萌生了一个较为大胆的想法：为中国企业撰写一本关于战略的阅读参考书。为了实现这一目标，笔者认为这本书应该遵循三个基本原则。

1. 精炼

笔者深知大道至简的道理。这里需致敬哲学家老子。《道德经》中有两句话,其一是"道生一,一生二,二生三,三生万物",阐释了宇宙从无到有、从简单到复杂、从单一到多样的演化过程;其二是"为学日益,为道日损。损之又损,以至于无为。无为而无不为",阐释了求学问需日积月累,知识才能日益丰富。而悟道则相反——要认识宇宙变化的总规律或根源,应该用减法,认识事物的本质和第一因。因此,书中要阐述的原理或观点都应该遵循大道至简的原则:能用一句话表达清楚的,能够用一二三清单式叙述的,能够用图表说明的,不赘述。

2. 系统

自20世纪50年代以来,战略领域的理论和方法层出不穷。战略思想家亨利·明茨伯格在《战略历程》(*Strategy Safari*)中提出了十个战略学派,但这些学派如同"盲人摸象",仅触及局部,缺乏全局视角。因此,本书旨在整合过去 70 年的战略理论，去芜存菁，结合笔者的思考，从概念、认知、模式、方法、能力五个层面贯通战略，并构建战略"回顾—规划—执行"的管理闭环，最后形成一套系统化的管理体系。

3. 实践

正如管理大师彼得·德鲁克所言："管理是一种实践，其本质不在于'知'，而在于'行'；其验证不在于逻辑，而在于成果。"因此，本书的原则、理论和方法均需与企业管理实践结合，即可执行、可衡量、可落地。因此，本书将把战略管理的方法拆解成若干模块，并清晰阐明每个模块的目标、工作指引和输出成果。

若以"简单—复杂"和"实践—学术"为维度画一个四象限矩阵（见图 1），TSM（Total Strategic Management，全面战略管理）体系可与其他战略理论方法体系进行比较。当前市场上的很多战略框架方法要么偏学术，要么过于复杂，要么过于笼统，缺乏指导性，要么受限于企业情境。TSM 体系则以系统简明、理论与实践并重为定位，力求成为一份全面战略管理指南。

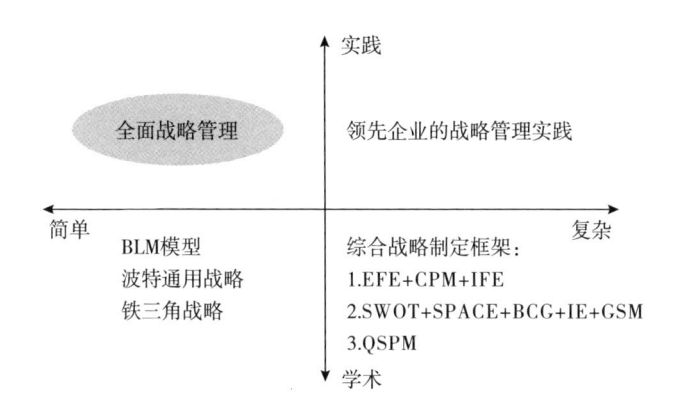

```
                        ↑ 实践
                        |
        全面战略管理      |   领先企业的战略管理实践
                        |
  简单                   |                            复杂
  ←─────────────────────┼─────────────────────────→
        BLM模型          |   综合战略制定框架：
        波特通用战略     |   1.EFE+CPM+IFE
        铁三角战略       |   2.SWOT+SPACE+BCG+IE+GSM
                        |   3.QSPM
                        ↓ 学术
```

图 1　不同类型的战略规划框架

本书旨在为读者提供一份从基础到进阶的简明战略管理快速指南，通过提升组织和个人的战略认知和战略管理能力，助力读者应对各类战略问题与挑战，推动企业战略升级和转型，最终实现可持续发展。

谢健民

2025 年 1 月 1 日于广州

阅读指引

适合受众：企业创始人、董事长、CEO、总裁、总经理、业务板块/业务单元负责人、战略管理职能负责人、对战略感兴趣的读者。

使用情景：遭遇本书目录列出的 12 类典型战略问题，想为战略管理工作寻求指引或帮助，希望对战略管理有一个比较全面的了解。

阅读时长：100 分钟左右。

阅读顺序：既可以按顺序通读，也可以根据个人需求选读。

扩展阅读：可以参考本书表 5 进行扩展阅读。

交流与互动：可以关注"TSM 全面战略管理"微信公众号与笔者进行交流互动。

全书的章节和结构概览：

【概念篇】

建立全面战略管理的体系框架：TSM 体系是将战略的底层认知、战略思维、战略模式、战略方法、战略管理能力有机整合在一起的一套战略理论和管理实践体系。

理解企业面临的主要战略挑战：企业外部环境的复杂性和多变性，以及企业内部战略管理中的"六大症状"，即战略缺失症、战略集权症、战略分裂症、战略组织困难症、战略方法困难症、战略执行困难症。

认识战略的价值和意义：支持国家经济振兴与发展，帮助企业做大、做强、做久，助力个人实现人生目标与理想。

了解企业需要战略的时期：生存期、发展期、转型期、重整期。

明确战略的概念和定义：战略的本质就是制定目标和实现目标的手段，即回答目标是什么和如何实现。

【认知篇】

树立战略的三观：战略的世界观（科学的世界观、

进化的世界观、艺术的世界观)、战略的价值观、战略的企业观。

发展战略的思维：本质思维、演化思维、创新思维、聚焦思维、系统思维。

【模式篇】

认识企业战略的主要类型：计划型、定位型、学习型、适应型、设计型。

学习企业主要的发展战略模式：专业化、多元化、一体化、平台化、全球化、规模化、差异化。

【方法篇】

好战略规划的四个要素：目标、策略、能力、行动。

好战略规划的要求：简单和聚焦、全局性、前瞻性、匹配性、创新性、可行性。

企业战略体系的三个层次：公司战略、业务战略、职能战略。

战略规划的先进方法：BLM 模型（Business Leadership Model，业务领先模型）。

战略管理的循环：战略回顾、战略规划、战略执行。

战略回顾：识别业绩差距和机会差距，并进行差距分析。

战略规划：主要包括四个步骤，战略意图、战略定位、战略路径、战略支撑；以及九个模块，战略意图、市场洞察、创新焦点、业务组合/业务设计、战略主题与业务策略、关键举措、组织/人才、流程/IT（信息技术）、文化/制度。

战略执行的五项工作：业务计划，财务预算，战略绩效管理，战略执行监控与回顾，战略调整和更新。

【能力篇】

提升战略管理的六种能力：领导力、运营力、控制力、学习力、创新力、驱动力。

目录 CONTENTS

概念篇 001

一　什么是全面战略管理？｜003
二　为什么战略变得越来越重要？｜005
　（一）中国经济发展历程阶段｜009
　（二）战略的价值和意义｜011
三　企业主要面临哪些战略挑战？｜013
　（一）外部环境的复杂性和多变性｜013
　（二）内部战略管理的六大问题｜015
四　企业什么时候需要战略？｜030
五　什么是战略？｜033
　（一）战略的迷思｜033
　（二）战略的流派｜035
　（三）5P战略｜037

认知篇 041

六　我们需要怎样的战略三观？｜043
　（一）战略的世界观｜043
　（二）战略的价值观｜045
　（三）战略的企业观｜046

七　我们需要具备怎样的战略思维？ | 048
　　（一）本质思维 | 049
　　（二）演化思维 | 049
　　（三）创新思维 | 050
　　（四）聚焦思维 | 053
　　（五）系统思维 | 055

模式篇 059

八　企业战略主要有几种类型？ | 061
　　（一）计划型 | 062
　　（二）定位型 | 063
　　（三）学习型 | 065
　　（四）适应型 | 068
　　（五）设计型 | 070

九　企业主要有几种发展模式？ | 072
　　（一）专业化 | 073
　　（二）多元化 | 074
　　（三）一体化 | 075
　　（四）平台化 | 078
　　（五）全球化 | 080
　　（六）规模化 | 082
　　（七）差异化 | 083

方法篇 089

十　如何制定企业战略规划？ | 091
　　（一）战略规划的要素和要求 | 091
　　（二）一个好的战略应该具备六大
　　　　特征 | 092

（三）企业战略体系的层次和内容 | 093

（四）战略规划的方法 | 095

（五）战略管理循环 | 100

（六）战略回顾 | 100

（七）战略规划 | 105

（八）战略规划 Q&A | 134

十一 企业战略如何实施？ | 140

（一）业务计划 | 140

（二）财务预算 | 142

（三）战略绩效管理 | 142

（四）战略执行监控与回顾 | 145

（五）战略调整和更新 | 145

（六）战略执行 Q&A | 148

能力篇 151

十二 企业需要构建哪些战略管理能力？ | 153

（一）领导力 | 154

（二）运营力 | 155

（三）控制力 | 156

（四）学习力 | 156

（五）创新力 | 157

（六）驱动力 | 158

（七）善智战略——全面战略管理赋能者 | 159

版权声明 | 161

概念篇

一

什么是全面战略管理？

全面战略管理是指将战略的底层认知、战略思维、战略模式、战略方法、战略管理能力有机整合在一起的一套战略理论和管理实践体系（见图2）。全面战略管理的过程如下：首先，我们应该理解战略的本质，建立战略底层认知，树立战略三观，发展战略思维，认识不同内外部条件下的战略类型选择，借鉴学习不同的企业发展模式；其次，开展"回顾—规划—执行"的战略管理循环；最后，不断提升企业的战略管理能力。

全面战略管理体系（Total Strategic Management System）

战略的本质：制定目标和实现目标的手段

- 战略概念
- 战略模式
  - 五种战略类型：计划型、定位型、学习型、适应型、设计型
  - 七种企业发展战略模式：专业化、多元化、一体化、平台化、全球化、规模化、差异化
- 战略方法
  - 一个战略管理循环：战略回顾、战略规划、战略执行

战略规划：战略意图 — 市场洞察 — 业务组合/业务设计 — 战略主题/业务策略 — 创新焦点 — 组织人才 — 关键举措 — 流程IT — 文化/制度

战略执行：业务计划 — 财务预算 — 战略调整和更新 — 战略绩效管理 — 战略执行监控与回顾

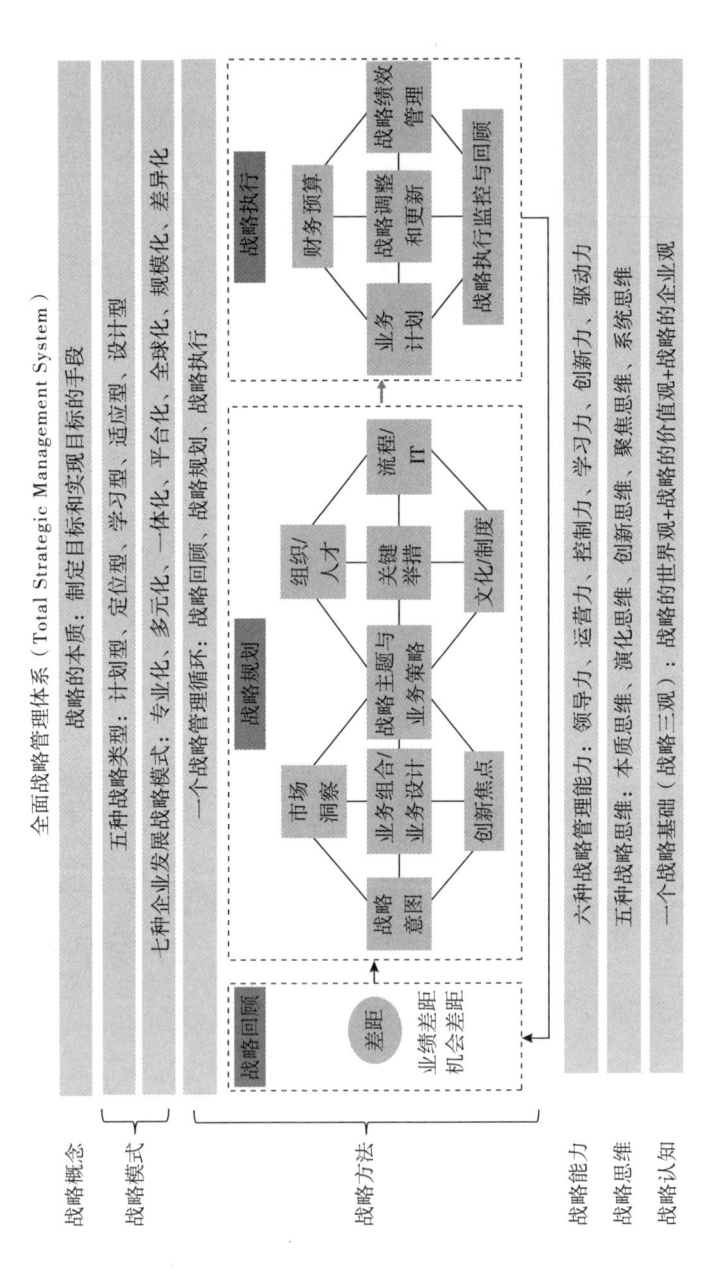

战略回顾：差距（业绩差距、机会差距）

- 战略能力
  - 六种战略管理能力：领导力、运营力、控制力、学习力、创新力、驱动力
- 战略思维
  - 五种战略思维：本质思维、演化思维、创新思维、聚焦思维、系统思维
- 战略认知
  - 一个战略基础（战略三观）：战略的世界观+战略的价值观+战略的企业观

图 2　全面战略管理体系

二

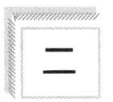

为什么战略变得越来越重要？

从前，某东方大国在经历了一百多年贫穷落后的幽暗时代后，在这片古老的土地下面突然发现了储量丰厚的金矿，举国欢腾之下，民众纷纷投入淘金热潮。

无数人带着简单的筛子和盘子，携家带口奔赴河床淘金，其中有不少人找到了金沙；而野心更大的人则成立了公司，雇了工人，买了机器，进行大规模、专业化的金矿开采，其中有一批人赚取了人生的第一桶金；还有一部分人凭借特殊资源优势，掌控了资源丰富的矿山，开展垄断或半垄断的经营。

但很快金矿资源就被开采殆尽了。不过，这时候又发现了大型银矿，尽管银的价值比金子低，但因其储量可观，引发了淘银热潮，其中也有部分人赚到了钱，过上了好生活。然而，银矿很快也被开采完了。就在大家感到失望时，储量巨大的铜矿又被发现，于是大家又重复了前面两次的操作，国家经济借此得以延续增长态势。

就这样，时间过去了四十年，人们慢慢发现这片土地上的资源越来越少，也越来越难发现储量丰厚的矿藏。此时社会分化出四类群体：第一类是传统者，他们仍然在原来残存的矿山里艰难地开采生产，以维持生存；第二类是观望者，他们停下脚步，观望等待，期望下一个未被发现的矿藏出现，伺机而动；第三类是消极者，他们开始不停地发牢骚，抱怨时势艰难以及自己命运不济；第四类是开创者，他们开始转变思路和经营方式，有的带领小分队去远方探索新的矿藏，有的不再从事矿业，转而利用各种原材料研发生产各类产品，还有的则转战服务行业，为企业和个人提供各类服务。

以上这个虚构的故事，如果大家觉得似曾相识的话，就是因为它在某种程度上反映了中国经济和企业的现状。我国的人口红利、资源红利和后发优势正逐步消失，经济步入中低速发展的新常态，企业过去拼资源、拼规模、拼速度、拼价格的竞争方式，当下已然失效。具有不同的认知水平、经营方式和管理能力的企业，其市场表现分化越来越明显，有的企业"英年早逝"，退出历史（见图3），有的企业在原来的路径上挣扎生存，也有一些优秀企业通过持续创新，甩开一般对手，领跑行业（见表1）。

为什么会发生这样的变化和差异呢？根源在于进入新常态时期，市场机会已经不再唾手可得，需要企业进行更系统的战略研究和科学选择。同时，企业的竞争要素已经发生根本转变：从资源到能力、从规模到质量、从速度到稳健、从价格到价值。企业的核心能力也需要根据新业务模式进行重塑。因此，新时代下，企业应该从过去过分

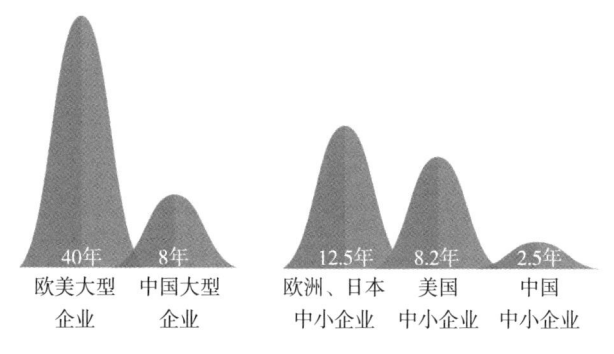

40年	8年	12.5年	8.2年	2.5年
欧美大型企业	中国大型企业	欧洲、日本中小企业	美国中小企业	中国中小企业

图3　世界各国企业的平均寿命对比

表 1　各个领域领跑行业的优秀中国企业

行业	行业状况（2023 年）	优秀企业	企业表现（2023 年）
汽车	营收增速：约 12% 利润增长：约 5.9%	奇瑞汽车	营收增长：超 50% 利润增长：80% 左右
家电	零售规模增速：约 3.6%	美的集团、 海尔集团、 格力电器	营收增长：约 8%、约 6%、约 7.8%
手机	出货量增速：约 6.5%	小米	营收增长：-3.2% 利润增长：约 126.3%
服装	零售增速：约 15.4%	希音	营收增长：约 40%
连锁超市	销售增速：约 4.6%（Top100）	胖东来	营收增长：超 40%
连锁咖啡	—	瑞幸咖啡	营收增长：约 87.3%
连锁酒店	—	亚朵集团	营收增长：约 106.2% 利润增长：超 100%
连锁零食	—	鸣鸣很忙	营收增长：约 282.2%

强调和信仰执行力，逐步转向构建和提升企业的全面战略管理能力，以实现企业的基业长青。

当前，企业领导者和管理者日益重视战略，其核心动因在于时代变革。回顾中国经济的发展历程，大致可以将其分为三个阶段（见图4）。

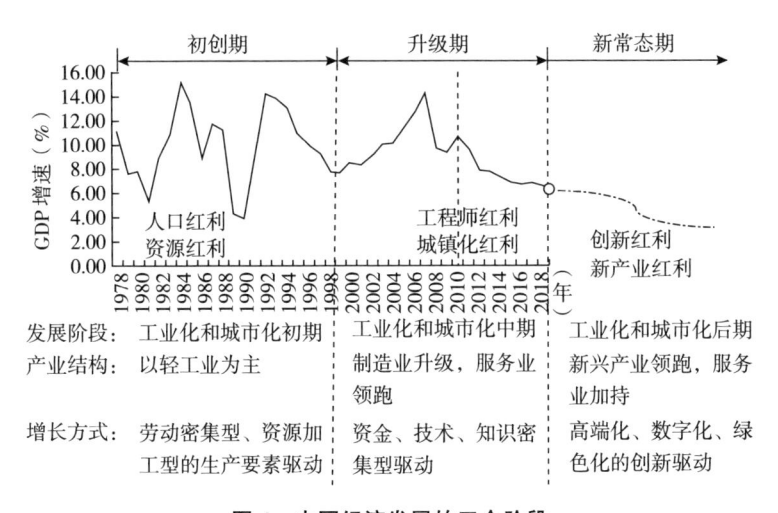

阶段	初创期	升级期	新常态期
红利	人口红利 资源红利	工程师红利 城镇化红利	创新红利 新产业红利
发展阶段	工业化和城市化初期	工业化和城市化中期	工业化和城市化后期
产业结构	以轻工业为主	制造业升级，服务业领跑	新兴产业领跑，服务业加持
增长方式	劳动密集型、资源加工型的生产要素驱动	资金、技术、知识密集型驱动	高端化、数字化、绿色化的创新驱动

图 4　中国经济发展的三个阶段

（一）中国经济发展历程阶段

1. 初创期（1978—1998 年）

改革开放的头 20 年，借助人口红利、资源红利和后发优势，在工业化、城市化、对外贸易等因素的推动下，中国经济充满发展机遇。企业竞争的关键词是"抢先"——只要掌握不对称信息和资源，凭借足够的魄力与胆识，就可以获得第一桶金。

2. 升级期（1998—2018年）

在互联网和信息技术驱动的第三次工业革命的浪潮中，中国经济抓住了工程师红利和城镇化红利，继续高速增长。这时候企业竞争的关键词是"做大"，即依托技术与资本优势，实现快速扩张和市场领先。

3. 新常态期（2018年至今）

经过近40年的高速增长，中国经济逐步进入中低增速稳定发展状态。这时候企业的发展也逐步分化明显：部分曾经领先的企业面临业务萎缩和亏损问题，很多成长型企业突然增长放缓，而只有少部分企业依然保持高速增长。这时候，企业竞争的关键词变为"创新"，很多企业开始思考业务转型与创新，寻找新的出路和增长曲线。而企业的领导人和高层管理者首先想到的当然是在顶层设计上进行创新，也就是对战略进行重新思考和布局。

（二）战略的价值和意义

1. 国家层面

对国家而言，国家战略是指引国家发展的宏伟蓝图，例如中国提出的"两个一百年"奋斗目标，即第一个一百年，是到中国共产党成立100周年时全面建成小康社会；第二个一百年，是到中华人民共和国成立100周年时建成富强民主文明和谐美丽的社会主义现代化强国。除了超长期的远景规划，自中华人民共和国成立以来，国家还通过一个个五年规划，明确各发展阶段国民经济发展的目标任务、战略重点、重要途径，确保政策的持续性和稳定性，从而实现经济持续健康发展。在国家这些战略的指引下，政府部门、企业、团体和个人都能投身并参与到国家建设和发展的实践中，共同实现中华民族伟大复兴中国梦。

2. 企业层面

对于企业而言，企业战略是指引企业可持续发展的顶层架构，通过明晰自身的战略意图，包括企业的使命、愿景和战略目标，制定以 3~5 年为周期的战略规划，明确企业的发展策略、重要行动和实施路径，以帮助企业做大、做强、做久。

3. 个人层面

对于个人而言，个人发展战略是指导生涯规划的系统方法论，通过明确发展方向、把握重要机遇、采取关键行动的三步闭环，实现人生价值的持续增值。

总而言之，战略对于国家、企业和个人来说，是一盏指路明灯，是一套行动方略，能够帮助其实现预期目标。缺少了战略，国家会失去全球竞争力，发展停滞，甚至陷入混乱与挣扎；缺乏战略的企业则会失去市场竞争力，增长乏力，甚至难以生存；而没有人生规划的个人只会随波逐流，沦为平庸而无所作为的人，虚度终生。

三

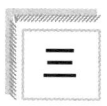

企业主要面临哪些战略挑战?

(一)外部环境的复杂性和多变性

首先,中国企业面临的外部环境变得复杂了。从前,宏观层面的政治、政策、经济、社会、技术等因素都是相对稳定并可以预测的,也是可以用来把握产业结构、市场格局的发展方向的。企业只要按照原来既定的模式和路径,或者参考成功企业的范式,就可以到达期望的目的地。然而,这些从前被认为理所当然的境况正在向意料之外的方向转变。例如,自中国加入WTO(世界贸易组织)以来,我们一直深信全球化是大势所趋,但不料中美之间的竞争甚至对抗,导致"脱钩断链",并且出现了逆全球化的潮流；从前我们相信"绿色、环保、低碳"是全人类共同认同的理念，但想不到一些国家把我们的电动汽车、太阳能光伏产品、新能源电池等产品挡在门外；从前我们认为消费升级是理所当然的消费趋势，不料三年的疫情防控期之后，消费趋向于理性和务实；从前我们笃信科技一定会造福人类，殊不知人工智能正在取代生产线上的工人、客服人员、司机、设计师、编辑、翻译等。

其次，外部环境变化的速度在加快。原来企业战略规划的周期一般为5年，后来缩短为3年，然后每年都要进行战略更新和调整。之后，大家逐渐觉得需要每半年进行一次战略更新，有的企业甚至以季度为单位进行战略更新。过去几年，房地产、教育培训、餐饮、外贸、光伏、半导体等行业的企业，应该对此深有体会。

总而言之，在风平浪静的大海上航行，可能谁都可以当舵手。然而，当天气风云变幻、海况复杂时，企业的大船就迫切需要一个先进的导航控制系统，也就是企业的战略管理能力。

（二）内部战略管理的六大问题

既然大家都意识到了战略的重要性，那么为什么很多企业在战略层面的管理成熟度很低呢？根据多年的战略咨询和战略赋能从业经验，笔者总结出以下企业在战略管理中的"六大症状"（见图5）。

1. 战略缺失症

如果我们走访一家企业，逐级询问企业的管理者和员工"我们企业的战略是什么"，得到的回答很可能是"我们没有战略"。这种情况非常普遍，尤其是在中小型企业中——即使企业成立已逾十年，业务情况尚可，也可能拿不出一个完整的战略规划或者讲不清楚自己的战略。

（1）缺少战略的原因

如果我们去深究其中的原因，大致可以总结出以下几种情况。

①只看短期

这些企业通常仅有年度计划，每年老板将其业务目标和想法与团队沟通，然后大家就分头行动，至于3年、

战略管理症状	主要表现	影响
战略缺失症	只注重短期经营，随机应变，对战略采取懒惰和回避的态度	错失重大的业务机会，缺乏业务韧性
战略集权症	企业战略只由企业领导人负责，其他人主要去理解和执行战略	老板成为企业的天花板，战略与执行割裂
战略分裂症	企业战略没有在内部形成充分的共识，每个人都有各自的理解和想法	企业内耗，战略方针摇摆，资源冲突，战略执行偏差
战略组织困难症	企业内部缺乏战略管理的组织和职能	缺乏一套战略管理体系来保障战略规划和战略执行的有效运行
战略方法困难症	对战略规划和战略执行缺乏规范、科学和有效的方法，要么过于简化，要么生搬硬套	方法不对，效果不理想
战略执行困难症	战略缺乏可执行性，或者对战略执行缺乏有效控制，或者缺乏资源和能力保障	战略无法有效落地

图 5 战略管理中的"六大症状"

5年以后的事情，大家并没有兴趣，而只关心把本月、本季度和本年度的目标达成，实现资金回笼。

②认为应该随机应变

企业领导者认为企业应该根据市场环境随时调整业务方向和工作重点，不应该一成不变，因而也就不需要制订一个长期的计划来束缚企业的灵活经营。

③战略回避

企业领导者和管理层虽然知道战略的重要性，但考虑到战略规划工作的复杂度和难度，加上其迫切性不高，就对战略这个话题避而不谈。

（2）主要痛点和影响

①人无远虑，必有近忧

这对于企业而言，同样适用。企业只看短期目标，可能会忽略某些巨大的市场趋势和机会，同时忽略对企业核心能力的持续培养。当出现巨大的机会或危机时，企业就会因为没有做好充分的准备而错失机会或者无法有效应对挑战。

②资源分散

在机会主义和随机应变的思维模式下，企业倾向于不停地变换业务重点和赛道，以把握各种各样的机会。这会导致企业资源过分分散，缺乏对核心业务的持续投入，最后错失最有价值的业务机会。

③可持续发展

每家企业所在的业务领域和行业都有其生命周期或者转型期，当市场和行业发生重大转变时，例如遭遇行业衰退、技术革命、商业模式重构等，如果企业不能适应这些变化，在新的商业生态中找到新的定位和市场价值，那么最终就会被淘汰。

（3）改进方向

采用结构化、系统化、科学化的方法梳理并规划企业战略，然后通过资源配置和年度经营计划贯彻实施，并定期进行战略复盘与更新。

2. 战略集权症

很多企业存在这样的现象：战略被视为董事长或总经理的专属责任，其他人主要去理解和执行。而且很多企业的领导者也持有这种想法，因为企业过往的成功经验也证明了这个观点,即企业的创始人或者领导者凭借自己的勇气、野心和企业家精神,正确把握住市场机遇,从而带领企业走上成功的道路。企业领导者认为战略制定不能交给他人的原因还包括:企业领导者认为管理层或者普通员工没有胜任制定战略规划的能力;企业领导者认为员工既不具备战略决策的权力,也缺乏相应的责任担当;企业领导者认为战略属于企业的商业机密,不能在企业内部大范围讨论和传播,否则可能会被泄露给竞争对手。

(1)主要痛点和影响

①企业领导者成为企业的"天花板"

战略集权主义带来的结果,就是企业发展成为"只有一个大脑"的企业,企业员工主要扮演除大脑外的其他身体功能器官的角色。企业领导者过去的成功经验和能力并不一定在新的形势和环境下依然适用,因此其认知和能力水平往往决定了企业的发展高度。

②不可挑战的权威

在集权和专制的企业文化之下,管理层和员工往往既不会,也不被允许去挑战企业领导者的战略。因此,即使他们认为战略存在问题,也不会提出意见和建议。这导致企业战略缺乏讨论、修正和完善的机制,为未来发展埋下了风险的种子。

③战略与执行的脱节

由于战略制定过程缺乏管理和业务团队的参与,一方面会难以评估战略的可行性,另一方面会导致团队对战略的理解存在偏差,最终影响战略落地的有效性。

(2)改进方向

推行"先民主后集中"的战略制定机制。建立程序化的战略研讨与决策流程,确保管理层充分参与,从而增强战略规划的科学性与可执行性(见图6)。

3. 战略分裂症

在一些企业中,尽管表面上制定了战略,但由于认知差异、观点冲突、理解偏差以及沟通不畅等,并未在内部形成共识。主要分歧表现在:核心领导者之间的分歧(如大股东与小股东、合伙人之间的战略冲突);管理层内部的分歧;管理层与执行层之间的分歧。

	1.战略研究阶段	2.战略共创阶段	3.战略决策阶段
工作内容	内部调研和诊断分析 外部市场洞察 对标和案例研究 战略意图的理解	战略意图和战略目标共识 赛道选择和业务组合研讨与共识 业务模式研讨 关键战略议题和战略举措研讨	进行战略的修订完善 战略目标分解并明确战略绩效指标 制定战略执行计划 对战略规划进行审议通过
参与方	企业战略项目工作组 外部战略导师（备选）	企业领导和管理层 企业战略项目工作组 外部战略导师（备选）	企业战略管理委员会 企业战略项目工作组 外部战略导师（备选）
工作方式	内部调研 外部调研 专题小组讨论	战略研讨会	战略评审会
产出成果	内部诊断分析报告 外部环境分析报告 关键战略问题和初步假设	战略规划讨论稿	审议通过的战略规划

项目管理：方法导入+赋能+辅导+共创+共议+共识

图 6　战略研讨和决策机制

（1）主要痛点和影响

其主要体现在企业内耗上。企业领导之间的分歧将导致战略方向摇摆，使管理层与执行层无所适从；领导层与管理层以及执行层产生分歧将引发资源争夺与方案冲突；而领导层、管理层与执行层产生分歧将造成战略目标与执行效果的偏差。

（2）改进方向

建立战略共识和沟通的机制。通过程序化的民主研讨与决策流程，确保管理层充分参与，提升战略认同度；完善战略沟通机制，系统性传递战略意图，强化各层级理解的一致性。

4. 战略组织困难症

企业的领导者和管理层虽然都认识到了战略的重要性和必要性，却面临战略管理职能缺失和战略规划能力不足的挑战。面对这个问题，企业通常有两种做法：

一是组建战略部门（见图7）。很多大型企业都会成立自己的战略部门，负责战略规划和战略执行的统筹管理工作，但这些战略部门的专业能力和水平之间存在较大差异。

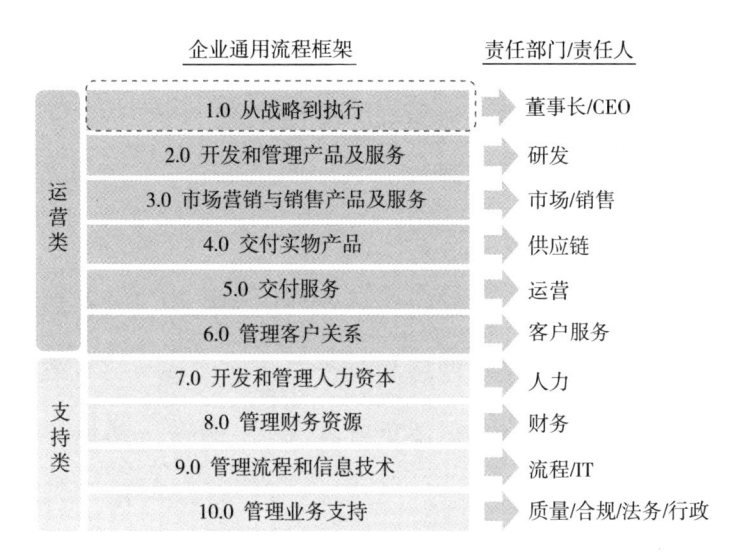

企业通用流程框架	责任部门/责任人
1.0 从战略到执行	董事长/CEO
2.0 开发和管理产品及服务	研发
3.0 市场营销与销售产品及服务	市场/销售
4.0 交付实物产品	供应链
5.0 交付服务	运营
6.0 管理客户关系	客户服务
7.0 开发和管理人力资本	人力
8.0 管理财务资源	财务
9.0 管理流程和信息技术	流程/IT
10.0 管理业务支持	质量/合规/法务/行政

其中1.0～6.0为运营类，7.0～10.0为支持类。

图7 企业流程与责任部门/责任人

能力较强的战略部门能够带领和指导公司及各业务部门制定高质量的战略规划并推动其落地；能力一般的战略部门仅承担部分战略管理职能，如市场研究、竞争分析、新业务探索等；能力较弱的战略部门则主要负责战略会议组织、协调沟通以及领导者讲话的整理与传达。另外，很多中小型企业因业务规模较小及成本较高等，通常未设置专门的战略部门，而是要么由企业领导者自己负责，要么由某些岗位人员兼任。

二是引入外部战略咨询服务。越来越多的大型企业开始与外部的咨询机构合作，通过专业的咨询服务帮助企业制定战略规划。咨询成果的质量不仅取决于战略咨询团队的专业能力，还取决于企业管理层和执行层参与项目的深度。

（1）主要痛点和影响

①战略与执行的脱节

无论是内部战略部门还是外部咨询机构，若在战略规划过程中缺乏让管理层和业务团队深度参与的有效机制，则将导致战略共识不足或者可行性缺失，最终影响战略落地效果。

②战略管理能力无法内化到组织

无论是设立战略管理部门还是引入外包咨询服务，都面临着相同的困境（见图8）：难以将战略思维和管理

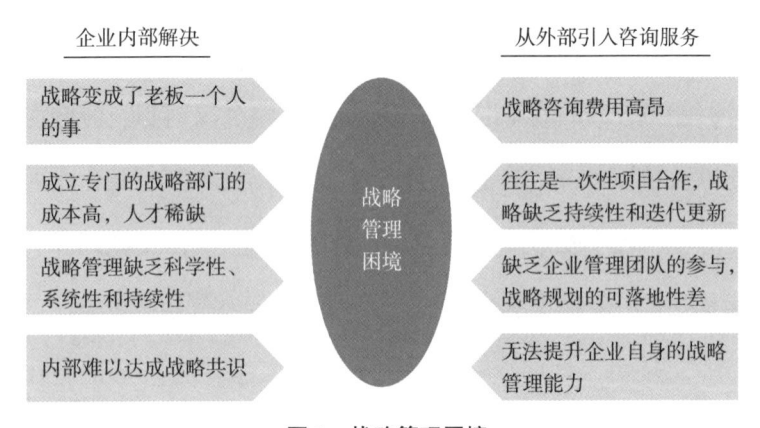

企业内部解决	战略管理困境	从外部引入咨询服务
战略变成了老板一个人的事		战略咨询费用高昂
成立专门的战略部门的成本高，人才稀缺		往往是一次性项目合作，战略缺乏持续性和迭代更新
战略管理缺乏科学性、系统性和持续性		缺乏企业管理团队的参与，战略规划的可落地性差
内部难以达成战略共识		无法提升企业自身的战略管理能力

图8 战略管理困境

能力真正转化为企业领导层及业务管理层的组织能力，从而无法建立战略持续优化和推动企业发展的长效机制。

（2）改进方向

构建战略管理组织体系（见图9）。建立包含战略决策、战略统筹、战略规划与执行功能的复合型架构（含实体组织和虚拟组织），保障战略有效落地以及管理能力持续提升。

5. 战略方法困难症

长期以来，战略都与"高瞻远瞩""顶层设计"等宏观大概念相关联。加之名人战略故事的渲染、学者构建的复杂理论模型，以及战略咨询机的"黑箱工具"，使得多数人认为战略制定方法难以把握。同时，战略本身具有"软性"和"艺术性"的特质，不像数学公式或标准流程那样，通过输入 X 和 Y，就可以得出确定结果。这导致许多企业领导人和管理者都患上了战略方法困难症。

（1）主要痛点和影响

①简单化战略

为回避复杂的分析，部分企业将战略规划的过程简化

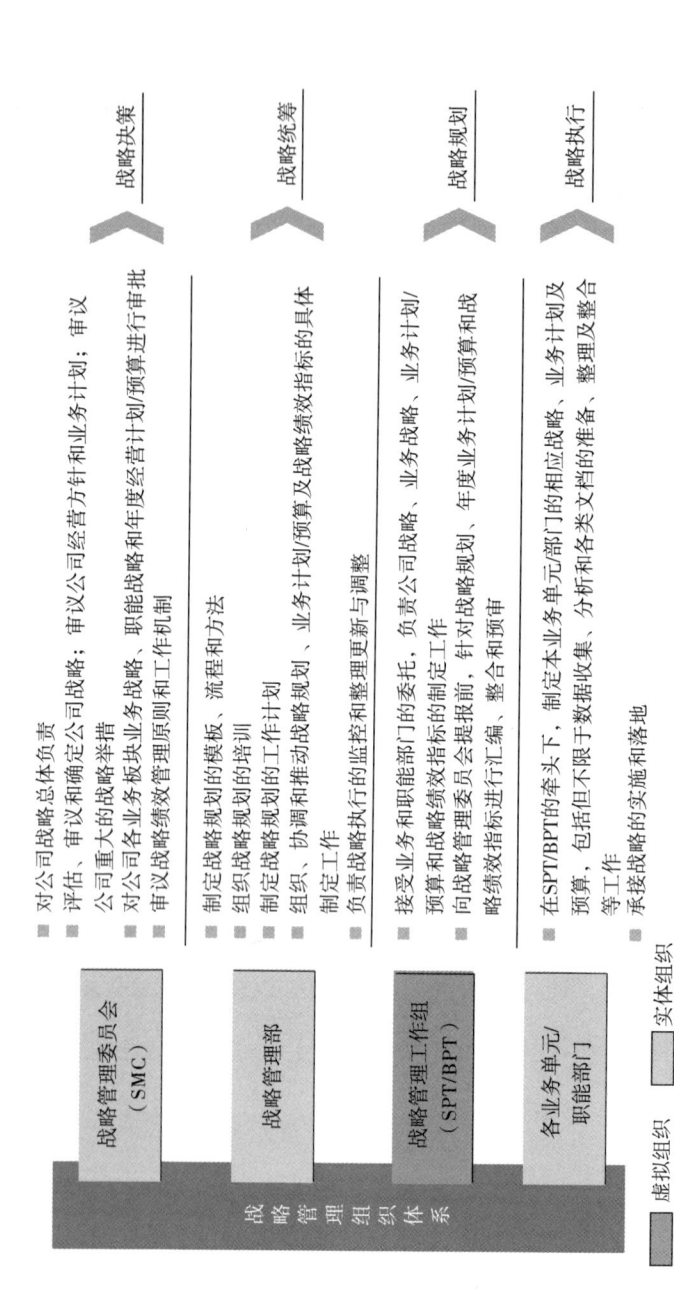

图 9 战略管理组织体系

战略管理委员会（SMC） —— 战略决策
- 对公司战略总体负责
- 评估、审议和确定公司战略；审议公司重大的战略举措
- 对公司各业务板块业务战略、职能战略和年度经营计划/预算进行审批
- 审议战略绩效管理原则和工作机制

战略管理部 —— 战略统筹
- 制定战略规划的模板、流程和方法
- 组织战略规划的培训
- 组织、协调和推动战略规划、业务计划/预算及战略绩效指标的具体制定工作
- 负责战略执行的监控和整理更新与调整

战略管理工作组（SPT/BPT） —— 战略规划
- 接受业务和职能部门的委托，制定本业务/职能部门的相应战略、业务计划、预算和战略绩效指标的制定工作
- 向战略管理委员会提报前，针对战略规划、业务战略、年度业务计划/预算和战略绩效指标进行汇编、整合和预审

各业务单元/职能部门 —— 战略执行
- 在SPT/BPT的牵头下，制定本业务单元/部门的相应战略、业务计划及预算，包括但不限于数据收集、分析和各类文档的准备、整理及整合等工作
- 承接战略的实施和落地

战略管理组织体系

■ 虚拟组织　■ 实体组织

为"战略目标拍板会",仅凭领导者的雄心和对历史数据基础的简单推算,就确定了所谓的战略目标。这种未经充分验证、缺乏具体举措支撑的战略,最终将沦为无法实现的会议纪要。

②复杂化战略

另外一个极端情况是追求绝对精确,战略制定陷入过度分析:冗长的研讨、烦琐的评审、无止境的细节推敲,使战略规划变成学术研究,丧失商业决策应有的敏捷性。

③模仿式战略

采用模仿式战略的企业通常认为成功企业的战略是可以被复制的,认为只要研究行业内外的标杆企业的经验和做法,然后为己所用,就可以成功。但其忽视了战略成功所需的特定内外部条件。这种生搬硬套的"拿来主义",往往因水土不服而失败。

(2)改进方向

采用科学有效的战略规划方法体系。企业应选择一套简单实用、行之有效的战略规划方法,统一内部战略语言和工具,以支持战略研究、制定与评估。本书后续章节将对此进行详细介绍。

6. 战略执行困难症

（1）主要痛点和影响

战略执行困难症主要体现为以下三种情况。

一是不知道如何执行。主要原因是战略规划内容不完整，很多企业都误将战略目标等同于战略本身。因此各个业务部门仅获得分解目标，缺乏实现路径和具体策略的指引。

二是执行不到位。缺乏战略执行管理体系，包括战略指标设定、目标分解与协同、执行跟踪与控制、动态调整优化、效果评估反馈等，不能确保战略举措和行动计划有效执行。

三是资源和能力缺乏保障。当战略确定下来后，需要根据战略优先级和战略举措的要求，进行企业资源的配置，包括人力、资金、物资和政策支持等方面。如果这些资源没有配置到位，那么执行就无法得到保障。

（2）改进方向

构建战略闭环管理体系。企业应该建立一个从战略规划、年度业务计划、执行监控、动态调整到绩效评估的战略闭环管理体系（见图 10）。

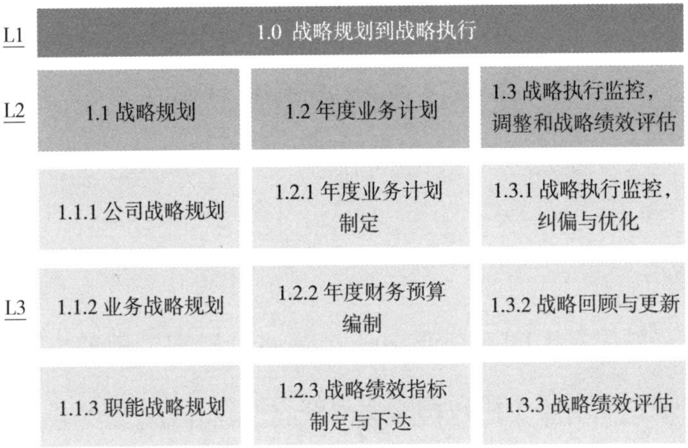

L1	1.0 战略规划到战略执行		
L2	1.1 战略规划	1.2 年度业务计划	1.3 战略执行监控、调整和战略绩效评估
L3	1.1.1 公司战略规划	1.2.1 年度业务计划制定	1.3.1 战略执行监控、纠偏与优化
	1.1.2 业务战略规划	1.2.2 年度财务预算编制	1.3.2 战略回顾与更新
	1.1.3 职能战略规划	1.2.3 战略绩效指标制定与下达	1.3.3 战略绩效评估

图 10　战略闭环管理体系

四

企业什么时候需要战略？

如果有人问：企业在什么发展阶段需要战略？答案就是企业在每个阶段都需要战略（见图11）。

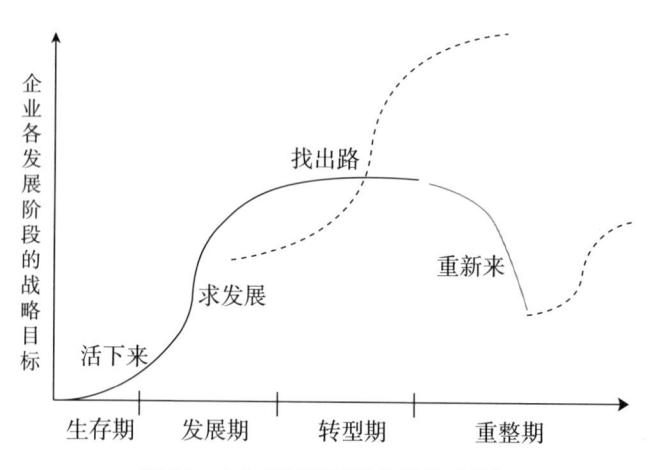

图 11　企业不同发展阶段的战略目标

（1）生存期

此阶段企业刚成立，业务处于启动初期，最重要的经营目标是生存。此时企业的战略以创始人直觉为主导。如果企业有融资或者吸引合作伙伴的需求，通常会编制商业计划书，将战略内涵融入其中。

（2）发展期

经过若干年的发展，企业成功度过生存期，开始将重点聚焦于快速成长以及确立市场地位。一方面要积极把握市场机遇，另一方面要注重自身能力的建设与提升，以推动企业在市场中稳步前行。

（3）转型期

多数企业历经一二十年乃至三四十年的发展后，发展会遇到瓶颈，出现核心业务萎缩或者经营效益下降等问题，进而步入平台期。此时企业迫切需要对现有业务进行改造与转型，以重返增长轨道，同时积极寻找新的增长曲线，从而保障企业的可持续发展。

（4）重整期

当企业遭受行业衰退或外部环境如疫情、战争、行业政策等剧烈变化的冲击时，将面临业务剥离或重组的困境。在此阶段，企业的经营目标在于及时止损、保全实力，并时刻关注市场动态，伺机寻求新的发展机遇，实现企业的再度崛起。

五 什么是战略？

从历史上看，战略的概念最早起源于战争，即交战双方在综合分析敌我资源、能力以及外部环境的基础上，通过有组织的军事行动确保胜利的总体筹划。后来战略的概念逐步从军事领域扩展到外交、政治、经济等领域，相关理论和方法也在实践中不断发展完善。本书将以企业为主体来论述战略与战略管理。

在深入讨论战略之前，需先厘清人们对战略的常见认知及迷思。

（一）战略的迷思

以下是常见的战略迷思与认知偏差。

第一，战略是一个高深的概念和学问，难以掌握；

第二，战略等同于目标；

第三，战略仅仅是一个大致的方向；

第四，战略是一种基于直觉的判断；

第五，战略犹如"画饼"，较为虚泛，通常难以落实；

第六，战略的谈论资格仅限于领导者，非普通员工所能谈论的事。

在此，笔者拟对战略的认知予以澄清。

第一，战略并不高深，其中蕴含的道理也很简单；

第二，战略不仅代表着目标，更涵盖了实现目标的相关内容；

第三，战略既明确了大方向，也规划了具体的行动策略；

第四，战略是一种基于理性思考、逻辑分析以及科学决策的过程；

第五，战略应当清晰且可落地实施；

第六，战略并非领导者一人的专属事务，而应是企业管理层以及核心骨干共同参与的活动。

（二）战略的流派

历史上，众多战略家、学者以及企业家纷纷提出各自的理论，笔者基于自身的理解感悟以及管理咨询实践，可以将战略流派总结如下。

1. 企业家派

企业家派主张将战略形成过程完全集中在一个领导者身上，绝对依赖领导者的直觉、判断、智慧、经验以及洞察力。

2. 目标派

目标派认为战略最核心的内容在于确立一个伟大的目标，随后要求公司全体员工努力达成。

3. 策略派

策略派认为，战略即一个或一系列精妙的计谋与策略，能够助力企业在市场竞争中战胜对手。

4. 模式派

模式派认为所谓好的战略，就是一种好的业务模式或生存发展模式。

5. 计划派

计划派认为，战略是一种程序化的过程，可借助战略工具方法，依据对数据以及情景的分析，经逐步计算得出。

6. 定位派

定位派认为外部环境构成了一种生态系统，企业战略旨在助力企业在该生态系统中寻得一个恰当的定位。

7. 适应派

适应派信奉达尔文的进化论，认为战略的形成过程就是企业持续适应外部环境变化的过程，即物竞天择，适者生存。

8. 资源派

资源派认为战略在于明确企业应如何获取、分配以及利用资源,进而获取最大的经济回报。

9. 价值派

价值派认为战略形成的过程是"算经济账"的过程,即对各类投资回报方案予以评估,并最终做出选择。

10. 能力派

能力派认为企业应该根据自身的能力禀赋来设计和选择战略,因为并非所有战略选择都适用于本企业。

(三) 5P战略

管理大师亨利·明茨伯格在1987年提出了5P战略模型(见图12),为战略提供了一个完整定义,并体现了其丰富内涵。

上述各流派对战略的定义和观点均具有合理性,且能在现实案例中找到实践依据。

战略是一种计划（Plan）	战略是一种有意识、有预见、有组织的行动程序
战略是一种计策（Ploy）	战略不仅是行动之前的计划，还可以在特定的环境下成为行动过程中的手段和策略，是一种在竞争博弈中战胜竞争对手的工具
战略是一种模式（Pattern）	战略可以体现为企业一系列的具体行动和现实结果如，目前有效的经营方式、业务发展手段等，而不仅仅是行动前的设计或计划
战略是一种定位（Position）	战略是一个组织在其所处环境中的位置，对企业而言就是确定自己在市场中的位置，如在产业链上的定位、目标市场定位和核心价值的定位等
战略是一种观念（Perspective）	战略表达了企业对客观世界固有的认知方式，体现了企业对环境的价值取向和组织中人们对客观世界的固有看法，进而反映了企业战略决策者的价值观念

图 12　5P 战略模型

战略的本质：

为了便于理解战略的本质，本书尝试将其概念抽象简化如下：战略的本质是明确目标并规划实现路径，即回答"目标是什么"和"如何实现"。以公式概括企业战略：战略=目标+组织+能力+路径。目标是企业期望实现的核心主张，例如企业的使命（回答"企业为什么存在"），或愿景（描述未来理想状态）。此外，目标亦可量化为业务指标（如营业收入、利润、资产收益率等），用以衡量战略成果。组织指企业的正式架构,包括结构、人员与分工,其核心是明确战略执行的责任主体。能力是组织执行战略所需的资源与技能,包括人力、资金、物资及业务管理能力等。路径即实现战略的具体策略与行动计划,明确企业为达成目标需采取的步骤。

认知篇

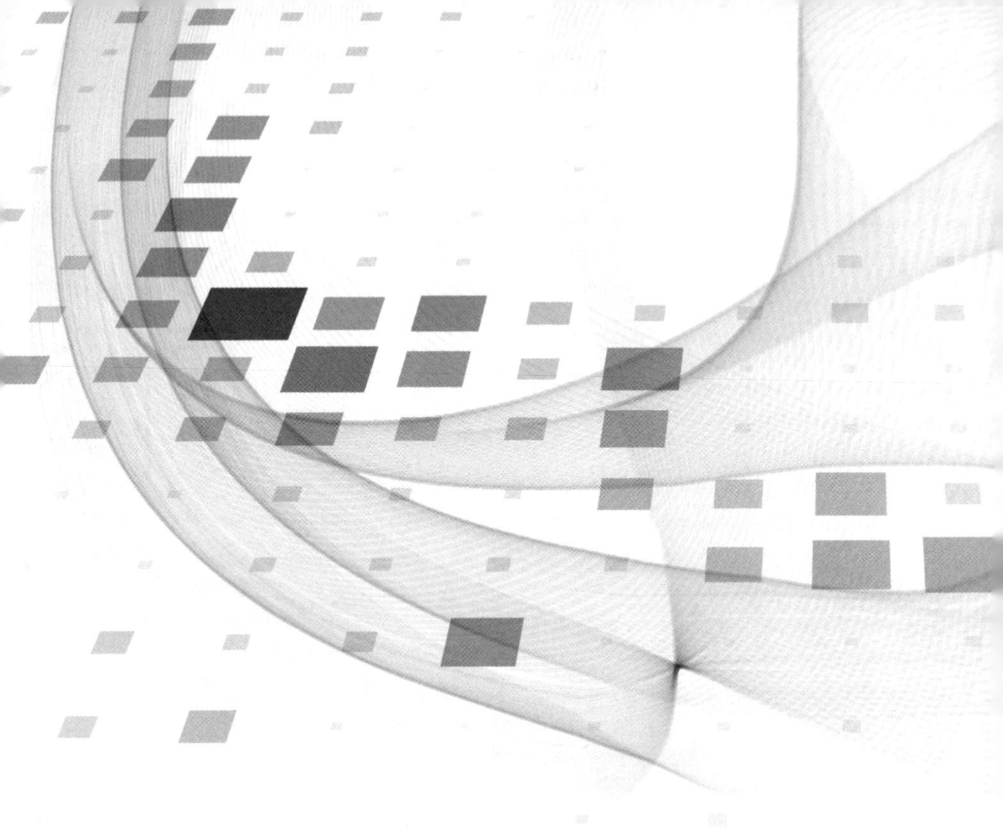

六

我们需要怎样的战略三观？

（一）战略的世界观

探讨企业战略规划方法前，首先需构建认知基础，即"战略的世界观"。简单理解，就是对世界运行本质及其内在规律的底层理解。纵观人类历史，从思想领袖到不同种族、宗教、地区、时代和背景的群体，对世界的认知方式可以被归纳为三种战略世界观（见图13）。

1. 科学的世界观

科学的世界观认为，宇宙背后隐藏着一个统一而强大的自然规律，这个自然规律控制和影响着世界的运行，

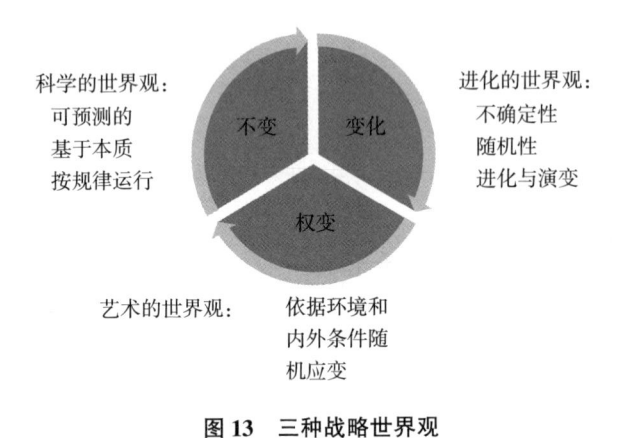

科学的世界观：
可预测的
基于本质
按规律运行

不变 变化
权变

进化的世界观：
不确定性
随机性
进化与演变

艺术的世界观：依据环境和内外条件随机应变

图 13　三种战略世界观

其运行如精密钟表般可预测。其中的典型理论如老子的道、德谟克利特的原子论、欧几里得的几何学、牛顿的三大定律、爱因斯坦的相对论等，所以科学的世界观的关键词是"不变"。

2. 进化的世界观

与科学的世界观恰好相反，以生物进化论为代表的进化的世界观认为，这个世界是由众多因素交织在一起的复杂系统，其本质是"变化"，事物的发展是具有不确定性和随机性的，是一个不断进化演变的过程，如同云朵形态不可精准预测。

3. 艺术的世界观

艺术的世界观介于两者之间,主张"权变"。它强调应根据具体的情境采取相应的对策和行动。如同画家在创作时,既要遵循一定艺术风格的技法,也需要有相应的灵感。

(二)战略的价值观

战略的价值观即企业价值观,是企业经营活动中秉持的基本信念与原则,它体现企业文化内核并指导全员行为及决策。例如,华为以"以客户为中心"为首要价值观,因此在企业战略规划和执行中,需将客户置于核心地位,紧密关注其需求动态,凭借技术创新与优质服务,提供定制化的解决方案和服务,既超越客户期望,又助力企业提升其竞争力和盈利能力。而很多企业会把"股东价值最大化"作为企业经营的核心价值,因此在战略规划和决策中,往往更偏好选择能够为股东创造最大投资回报的方案。联邦快递(FedEx)以 PSP 作为其核心经营理念。所谓 PSP 包含员工(People)、服务(Service)、利润

（Profit）三个关键要素。这一理念强调员工乃公司至关重要的资产，通过关爱、培育与激励员工，可使员工为客户提供卓越服务，进而助力公司盈利，员工也随之受益，由此构建起良性循环。因此，在战略规划举措中，首先，联邦快递通常会把员工的保留、发展和激励置于首位，其次是提升服务水平及客户满意度，而将企业经营效益置于相对靠后的位置。

（三）战略的企业观

战略的企业观体现为企业战略意图（Strategic Intention），具体通过使命（Mission）与愿景（Vision）定义（见表2、表3）。使命阐明企业存在的根本原因和目的，如"我们为什么存在""我们存在的意义和价值是什么"。愿景定义未来目标，如"我们希望成为怎样的企业""这个世界因为我们的存在而变得怎样"。一家有清晰并具有感召力的使命和愿景的企业，可以将企业和员工个人的追求和愿景关联在一起，形成强大的组织凝聚力，引领众人前行。

表2　　　　　　　　世界优秀企业的使命

企业	使命
微软公司	以赋能为使命，予力全球每一人，每一组织，成就不凡
华特迪士尼公司	使人们过得快乐
IBM	成为让世界变得更美好的催化剂
华为公司	把数字世界带入每个人，每个家庭，每个组织，构建万物互联的智能世界
阿里巴巴集团	让天下没有难做的生意

表3　　　　　　　　世界优秀企业的愿景

企业	愿景
华特迪士尼公司	成为全球领先的超级娱乐公司
联想集团	智能，为每一个可能
万科集团	以人民的美好生活为己任，以高质量发展领先领跑，做伟大新时代的好企业

七

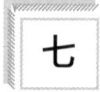

我们需要具备怎样的战略思维?

建立"战略三观"基础认知框架之后,当企业面对复杂多样的战略议题的时候,我们该如何高效分析并进行合理决策呢?基于实践总结,可运用五大战略思维——本质思维、演化思维、聚焦思维、创新思维和系统思维(见图14)。

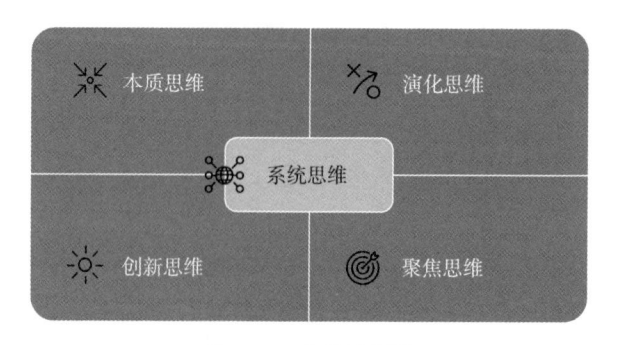

图14 五大战略思维

（一）本质思维

万事万物运行的背后都是无数因果相互关联和作用的状态。也就是说，所有事物存在的背后都有其原因，每种原因背后又都有其更深层次的原因。但这一因果链条不能无限追溯，必定存在一个根源（第一因）。因此，本质思维是一种通过观察现象，运用归纳和演绎等方式，寻找事物第一因，从而直达事物本质的思维方式。例如，当我们深入剖析商业世界中不同企业的商业逻辑及其本质时，最后往往会发现它们的归结点都非常简洁明了。例如，阿里巴巴的业务核心在于通过降低交易成本来实现自由公平的交易，而腾讯则是围绕人的社交、生活和工作方式，提供连接人和内容的服务。

（二）演化思维

达尔文的进化论大家应该都有所了解，其核心思想是"适者生存"。大自然的发展演化背后存在一定的随机性和偶然性，有些成功的模式并非源于精心设计，而是因为其行之有效才被保留下来。在面对复杂、多变且不确定的外部环境以及未来时，与其进行精心且细致的分析与规划，不如通过行动和探索，在实践中动态地调整并逐步形成有效的战略。因此，演化思维就是通过自然选择的过程形成并发现有效的战略模式。例如，淘宝网并非像商业案例教科书中所写的那样，是通过精心设计与规划，然后一步一步地实施，最终取得成功的。事实上，阿里巴巴集团在1999年初创期的定位是促进贸易的B2B（Business-to-Business，企业对企业）平台。到了2003年，它从内部孵化了淘宝C2C（Consumer-to-Consumer，消费者对消费者）项目，不料该项目取得了巨大成功。最终，B2C（Business-to-Consumer，企业对消费者）、C2C成了阿里巴巴集团的核心业务。

（三）创新思维

所谓创新，其实并非凭空产生，而是由因和果的基础元素构成。创新方法或成果往往只是这些基础元素的新连接与组合。例如，智能手机的创新，实际上是将通信、笔记本电脑、音乐播放器以及相机的功能进行了集成

(见图15)。又如淘宝网、支付宝等,其实都是在借鉴前人做法的基础上,进行了新的功能叠加与组合而形成的(见图16)。

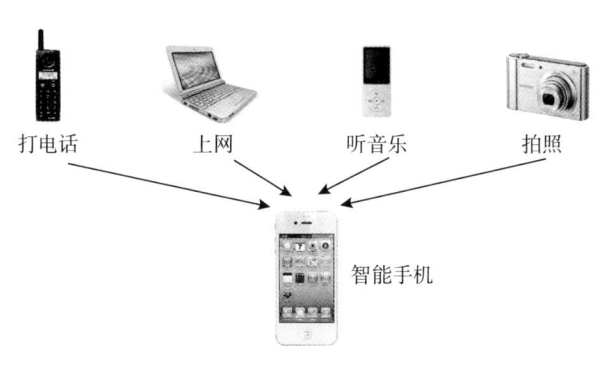

图 15 智能手机的创新

图 16 淘宝网和支付宝的创新

创新是战略的本质特征,主要体现在以下三个方面。

第一是业务模式创新。例如,IBM从硬件领域转型至软件领域,再进一步延伸至下游服务领域,从而形成了全新的业务模式。

第二是市场、产品创新。例如一些中国企业为赶超国外传统汽车巨头，另辟赛道发展电动汽车，积极拓展海外市场。

第三是运营创新。例如福特汽车公司的流水式生产线、业务流程再造以及软件的敏捷开发等。

创新是战略规划中最为关键且最具挑战性的部分。因为所谓制定战略，就是要回答：为了实现我们对未来的期许和期望达成的结果，我们今天需要作出哪些改变？而这些能带来影响的改变，本质上就意味着创新。所以，为了检验一个战略是否具备创新性，可以进行以下两个测试。一是将当前战略中的时间要素去除，然后将其与以往的战略进行对比。如果发现二者之间并无显著差异，就说明我们的战略仅仅是在延续过去的做法。二是将我们制定的战略中本公司的名称替换为其他公司的名称，看看是否有什么不妥之处。倘若感觉该战略对其他公司同样适用，就表明此战略缺乏差异性及针对性。

（四）聚焦思维

无论是何种机构或企业，都会面临资源有限的情况。若要实现企业的业务目标，就必须对资源进行合理配置与高效利用，从而实现产出与回报最大化。因此，从本质上说，战略首先是一种选择——当你做出某种选择时，也就意味你需要放弃其他选项，即回答"取舍什么"这一问题。1996年，当乔布斯回归苹果公司后，其首要举措就是砍掉了70%的产品线，并明确指出大家的工作重心是"打造四个卓越的产品——这才是我们应当专注从事的事业"（见图17）。

具体而言，可以从以下三个层面理解聚焦的内涵。

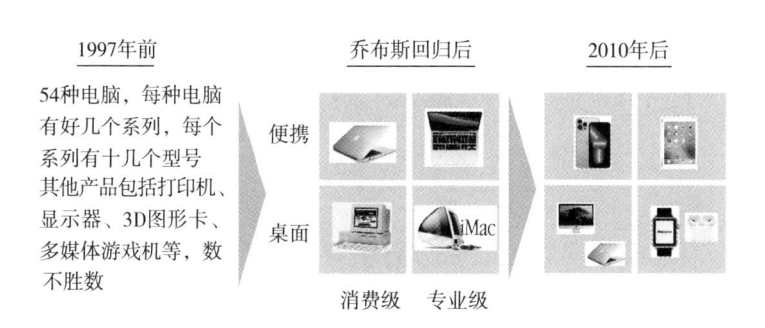

图17　乔布斯的改革

1. 目标聚焦

选择战略目标切忌贪大求全，而必须聚焦于少数关键的"大目标"。例如，三星集团在20世纪90年代提出从以"量"为中心转变为以"质"为中心，秉持"少即是多"的理念，致力于提升产品品质，精简业务线与产品线，重点押注半导体产业并持续投入，最后取得了巨大成功。

2. 能力聚焦

企业的核心能力涵盖多个领域，但我们不能奢望企业成为全能冠军，而应致力于培养少数关键的单项冠军。例如，三星集团将资源重点投入营销、品牌、设计和研发等环节，以此打造核心竞争优势。

3. 行动聚焦

最终阶段应将战略方针凝聚为少数几个关键的战略主题，以此引导和指引相关战略举措形成协同作用，从而确保战略的有效实施。

因此，欲检验一个战略是否经过深度思考与审视，可提出两个核心问题：我们选择了什么？我们又舍弃了什么？倘若得到的答案是"我们看到的机会都要把握"，那就表明该战略尚未实现有效聚焦。

（五）系统思维

系统思维源于彼得·圣吉于 1990 年所著的《第五项修炼》（*The Fifth Discipline*），它是一种跨领域的思维方式，即以整体性、动态性和关联性的视角来分析与解决问题。而与之相对立的，则是以片面性、静态性和孤立性的视角看待及解决问题的方式。"神奇电脑"公司凭借其独特的高科技产品（新型计算机）开创了自己的业务领域。该公司的产品在市场上需求旺盛，因此公司得以流星般迅速崛起，销售业绩年年成倍增长。然而，由于销售过于火爆，交货周期严重超出原定的 8 周。尽管公司持续扩大产能，也无法满足市场需求。管理者认为其产品无与伦比，客户愿意等待 14 周之久。与此同时，为了保持增长态势，公司把大部分收益直接投入销售环节，不断扩大销售团队规模。然而到了第四年，公司销售业绩开始下滑。为此，公司决定采用提高销售奖励以及增加折扣等促销手段，销售业绩再度回升。但与此同时，交货周期又逐渐延长，从 8 周延长到 10 周、12 周、16 周……公司最终在第 10 年倒闭。对这个案例进行复盘（见图 18），可发现该公司倒闭的核心原因在于公司管理层未能洞察整个系统结构——仅仅去寻找舍本逐末的"症状解"（短期刺激销售的手段），而未针对真正阻碍企业发展的核心因素（服务品质）寻求"根本解"。

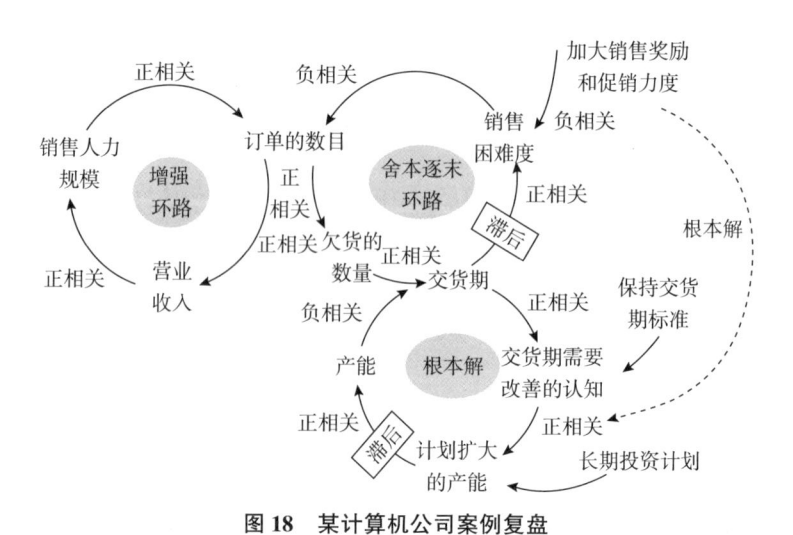

图 18 某计算机公司案例复盘

系统思维为笔者带来了以下三点启示：第一，需要从纷繁复杂的现象背后洞察到简洁的"系统结构"；第二，需要识别系统中的"增强环路"（正向）、"调节环路"（负向）和"时间滞后"现象；第三，在面对关键问题时，不应寻找表面化及短期的"症状解"，而应当致力于寻求具有高杠杆效应及长期性的"根本解"。

最后，笔者对战略思维的三部曲进行了总结：第一，我们需要构建战略的三观，即战略世界观、战略价值观和战略企业观；第二，我们应灵活运用五种战略思维开展综合分析和评估；第三，我们要形成科学合理且切实可行的战略决策和行动方案（见图19）。

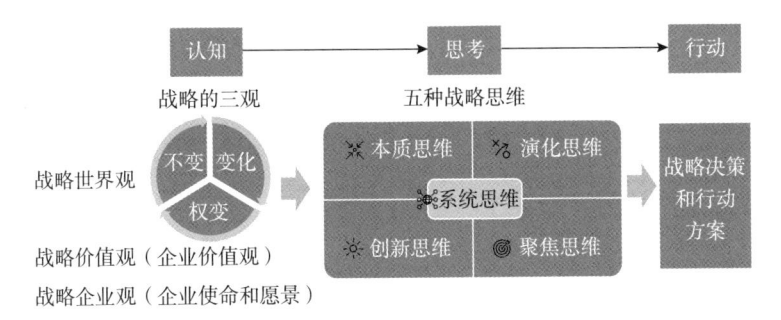

图19 战略思维的三部曲

模式篇

八

企业战略主要有几种类型?

企业作为商业世界的核心主体,始终是价值创造与效率提升的研究焦点。在近百年的管理演进中,MBA 教育体系与战略管理理论同步发展,形成了多元化的学术流派。亨利·明茨伯格的《战略历程》揭示了十大战略学派,其核心结论极具启发性:战略管理恰似盲人摸象,每个学派都揭示了战略管理的某个本质维度,却未能勾勒出完整图景。

对于企业而言,它们更需要的是全景式的战略框架。若将战略定义为"特定环境下基于组织能力的生存发展选择",那么,我们可以从企业外部环境的可预测性和企业应对外部变化的内部调控能力两个维度出发,大致把战略模式分为四种类型(见图 20)。

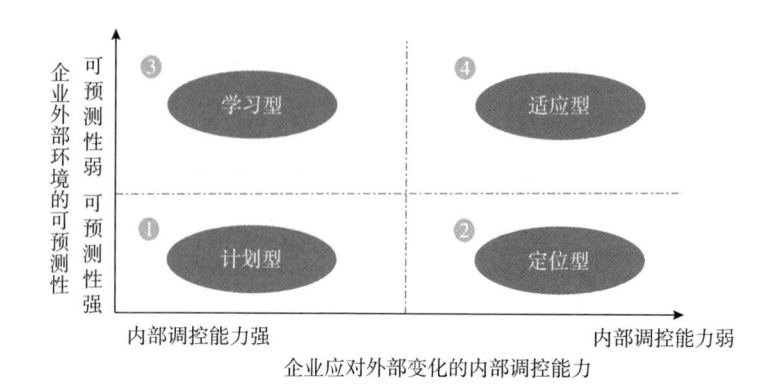

图 20 企业战略模式的四种类型

（一）计划型

以伊戈尔·安索夫为代表的计划学派认为，外部环境是稳定且可预测的。战略制定过程需要深思熟虑，并且应规范化，可被分解为明确的步骤（见图21，摘自乔治·斯坦纳的《顶级管理规划》）。该过程能用审查清单的方式呈现，每个步骤都可以得到详细描述，并且可利用各种分析技术来完成。战略应该由专业的战略规划部门或者受过良好教育的计划人员来制定。由正式规划过程产生的战略应被明确呈现，并通过详细的目标、预算、程序以及各种经营计划来执行。大多数企业都认同并正在实行这种战略。计划型战略模式适合外部环境较为成

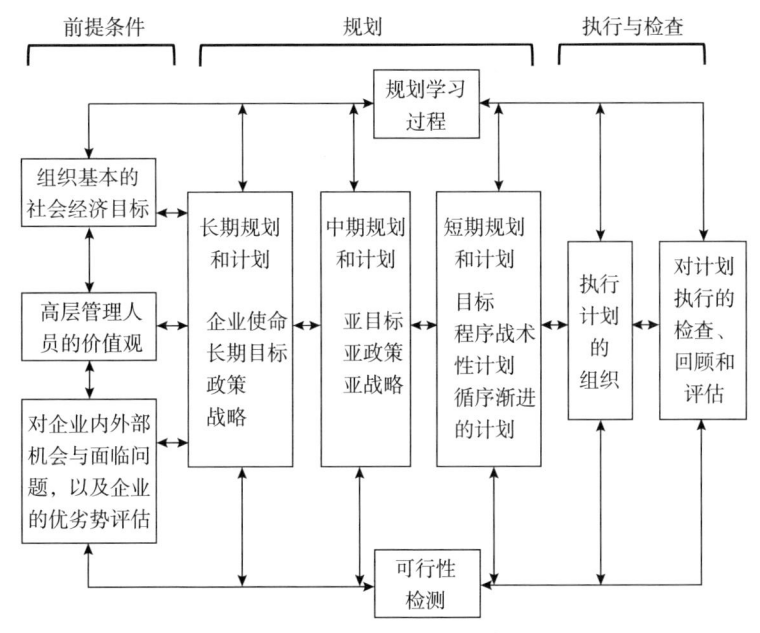

图 21 斯坦纳的战略规划模型

熟和稳定的行业，而企业的业务模式已经成形且经营已步入正轨的情况。

（二）定位型

以迈克尔·波特为代表的定位学派认为，在一个既定的行业中，只有少数满足某些要素的通用战略能用来对抗现有的和未来的竞争对手，并在竞争中取胜。这里的通用战略主要体现为：成本领先、差异化和聚焦（见图22）。迈克尔·特雷西和弗雷德·威斯玛通过对世界500强企业进行多年研究，提出了铁三角战略模型（见图23）（《市场领导者的修炼》，1995年），包含产品领先（Product Leadership）、运营卓越（Operational Excellence）、客户亲密（Customer Intimacy）三种战略选择。定位学派的核心

图22 波特的通用战略模型

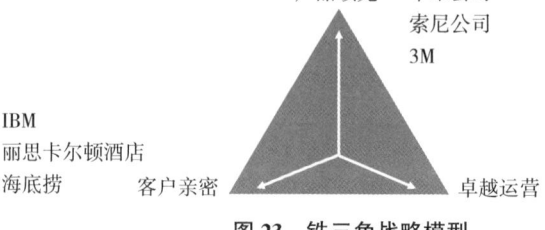

图23 铁三角战略模型

思想如下：一是市场（环境）存在利润空间且充满竞争；二是战略形成过程是基于分析计算对通用战略进行选择；三是产业和市场结构（图 24 为波特五力模型）决定了企业的战略定位，而战略定位决定了组织结构。定位型战略模式的适用范围较大，如波特的通用战略模型，但该模型的缺点是过于粗略，如差异化战略因不够清晰和具体而缺乏指导意义；铁三角战略模型则相对明确并具有指导意义。但如果企业有多元化业务，则应该针对不同业务的内外部环境来选择相应的战略定位。定位型战略模式适用于较为成熟和稳定的行业，以及处于不同企业生命周期且自身的资源和能力相对有限的企业。

（三）学习型

如果说计划型战略模式和定位型战略模式都认为战略应该是在深思熟虑后预见性地规划出来的，那么我们可以说学习型战略模式认为战略是从实践、探索和不断学习中逐步演化出来的有效模式。学习学派认为环境具有复杂且难以预测的特性，所以组织应通过行动、试错和不断学习，形成成功战略的雏形，最终形成涌现战略来指导未来

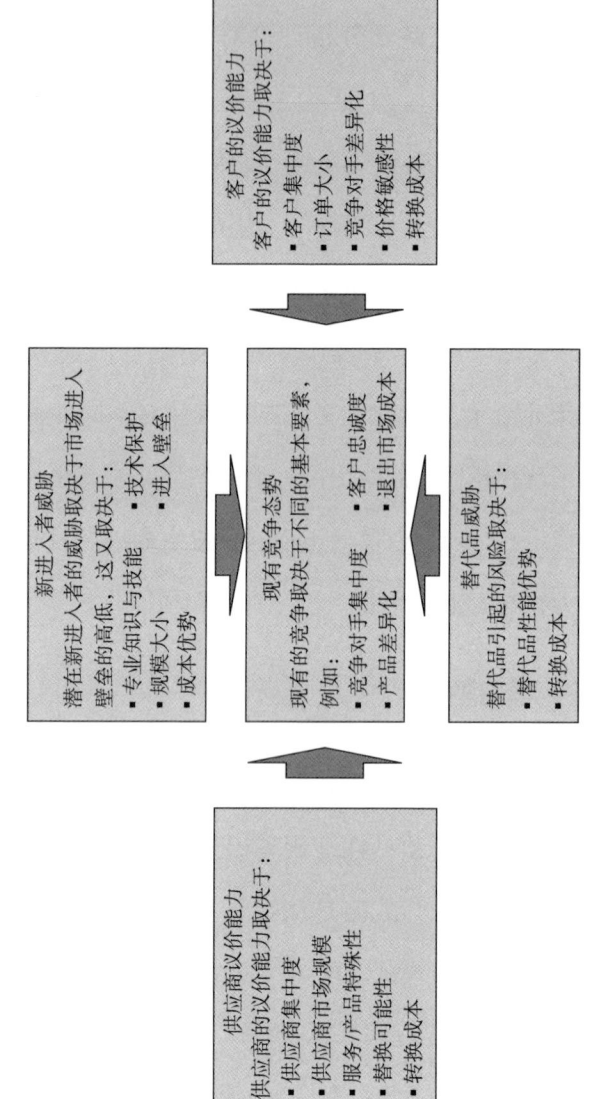

新进入者威胁
潜在新进入者的威胁取决于市场进入壁垒的高低,这又取决于:
- 专业知识与技能
- 规模大小
- 成本优势
- 技术保护
- 进入壁垒

现有竞争态势
现有的竞争取决于不同的基本要素,例如:
- 竞争对手集中度
- 产品差异化
- 客户忠诚度
- 退出市场成本

供应商议价能力
供应商的议价能力取决于:
- 供应商集中度
- 供应商市场规模
- 服务/产品特殊性
- 替换可能性
- 转换成本

客户的议价能力
客户的议价能力取决于:
- 客户集中度
- 订单大小
- 竞争对手差异化
- 价格敏感性
- 转换成本

替代品威胁
替代品引起的风险取决于:
- 替代品性能优势
- 转换成本

图 24　波特五力模型

的计划（见图 25）。《精益创业》（Lean Startup，埃里克·莱斯，2012 年）的方法（见图 26）就是以用户为中心，借助最小可行产品（MVP）低成本快速迭代，助力企业探索和发现业务机会，持续创新。学习型战略模式比较适用于新兴行业或者处于初创期的企业，它们可以通过这种

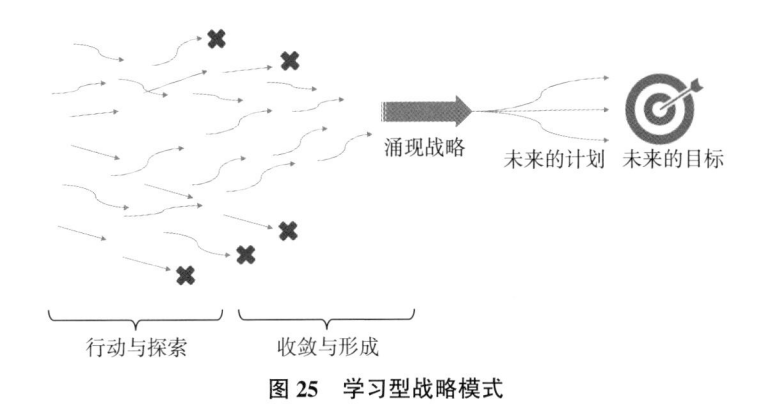

图 25　学习型战略模式

图 26　精益创业的五项原则

快速迭代和低成本的试验方式进行业务模式探索。例如，十年前的互联网行业以及目前的人工智能行业就比较适合学习型战略模式。

（四）适应型

适应学派认为外部环境是战略形成的中心力量，企业的领导力和组织都从属于外部环境。面对复杂的环境，企业并没有太多选择战略的机会，而是只能屈服于生存压力，在商业环境中形成不同类型的"生态种群"。而当外部环境发生变化的时候，企业只能尽力适应外部变化。最后的结果是适者生存，不适者被淘汰（见图27）。适应型战略适合外部环境多变或剧烈变化而自身的调控能力相对有限的情况，例如近几年的教育培训行业和房地产行业。

最后，我们可以总结出四种战略模式的特征（见图28）：计划型，谋定而后动，运用理性和程序化的方法与步骤，进行战略的 PDCA（Plan, Do, Check, Action）循环的闭环管理；定位型，以不变应万变，在有限的战

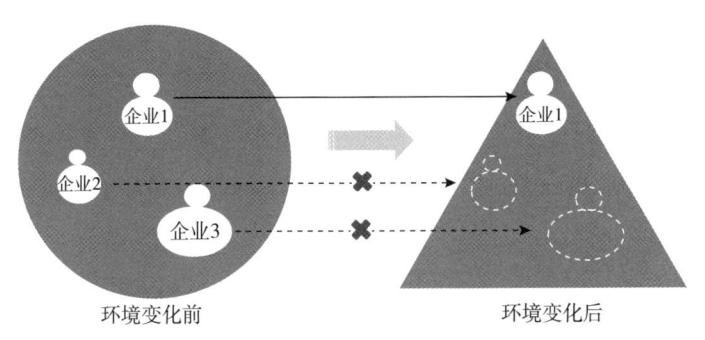

图 27 适应型战略

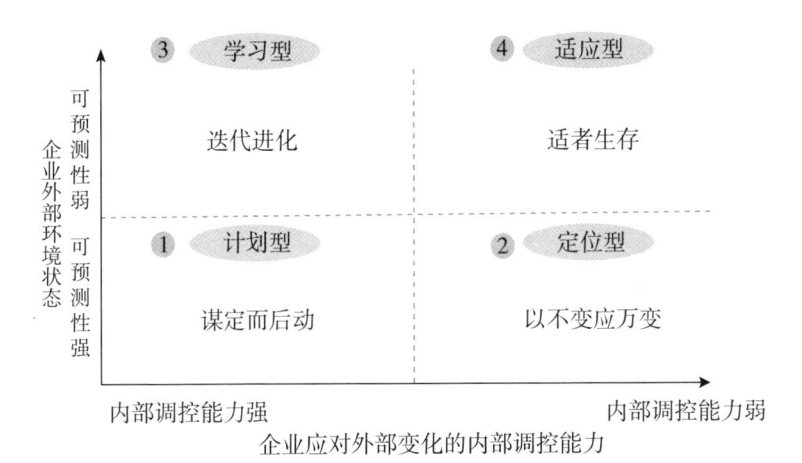

图 28 四种战略模式的特征 1

略选择中认准其中一个，并不断对其进行强化，以应对外部环境的变化；学习型，迭代进化，通过低成本、快速试验的方法探索出可行的战略模式；适应型，认为外部环境的变化难以预测，企业只能被动接受并尽力适应变化。笔者根据多年的观察和咨询从业经验总结认为，无论是定位型战略模式、学习型战略模式还是适应型战略模式，最终都应该演化回归到计划型战略模式的常态化战略管理（见图29）。

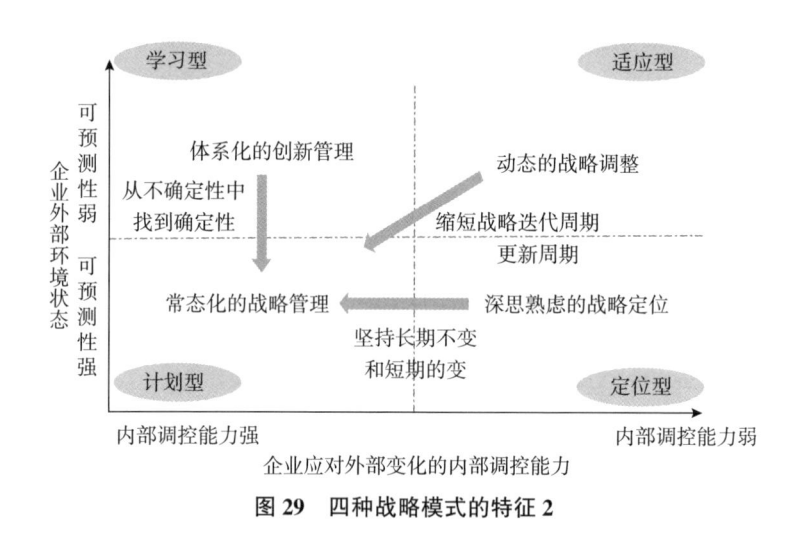

图29 四种战略模式的特征2

（五）设计型

如果我们结合不同的战略世界观来看待不同的战略模式，就可以理解人们为什么会在不同的认知下选择不同的战略模式（见图30）。计划型战略模式和定位型战略模式基于理性和逻辑分析的科学世界观，认为可以根

战略世界观和战略类型的关系

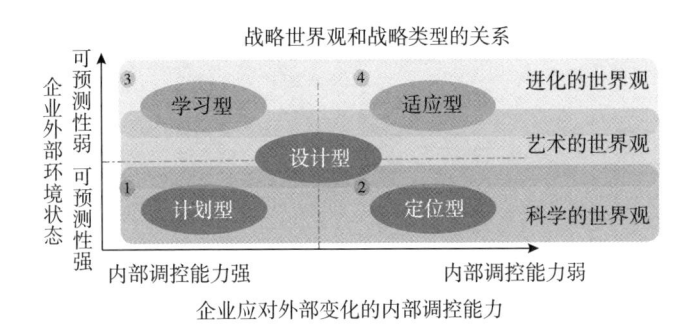

```
可预测性强  ┃
          ┃  ③ 学习型        ④ 适应型      进化的世界观
企业外部环境状态 ┃                                艺术的世界观
          ┃         设计型
          ┃  ① 计划型        ② 定位型      科学的世界观
可预测性弱  ┃
          └────────────────────────────────
            内部调控能力强      内部调控能力弱
              企业应对外部变化的内部调控能力
```

图 30　五种战略模式

据事物的发展规律预测未来。应充分、严谨地分析内外部环境，进而找到战略的最优解；学习型战略模式和适应型战略模式则认为，外部环境的不确定性强，企业受其影响，需通过自身探索、演化或者适应变化来形成战略。若企业处于可预测外部环境与不可预测外部环境之间的灰色地带，则需基于艺术的世界观，从实际情景出发，有选择地借鉴其他四种战略模式的做法，通过"权变设计"制定企业战略——这使得第五种战略模式，即设计型战略模式出现了。

九 企业主要有几种发展模式？

企业从诞生的那一刻开始，便一直在谋求生存和发展。究竟有哪些方式能够支撑企业不断成长并实现商业成功呢？通过纵观中外典型企业的发展史，并结合个人在咨询从业过程中的亲身观察，笔者总结出七种企业发展模式（见图31）。

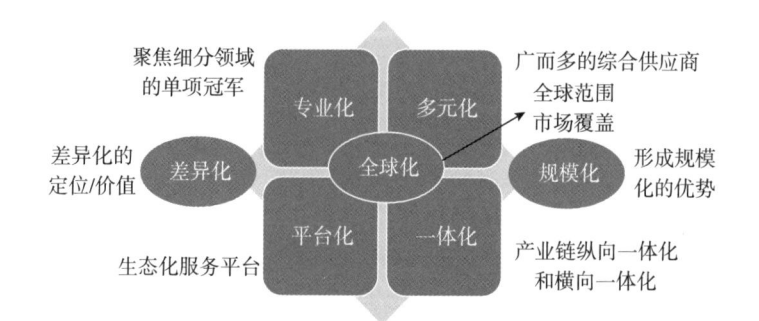

```
                 聚焦细分领域
                 的单项冠军              广而多的综合供应商
                       ┌─────┬─────┐   全球范围
                       │专业化│多元化│   市场覆盖
                       │     │     │
   差异化的      ┌─────┼─────┴─────┼─────┐  形成规模
   定位/价值     │差异化│  全球化   │规模化│  化的优势
                 └─────┼─────┬─────┼─────┘
                       │平台化│一体化│
                       │     │     │
                       └─────┴─────┘
                 生态化服务平台          产业链纵向一体化
                                        和横向一体化
```

图31　七种企业发展模式

（一）专业化

大多数初创企业或中小规模的制造企业通常采用专业化的模式发展。企业将业务聚焦于产业链的特定环节、某个垂直行业或特定细分市场，致力于做优、做精、做深。德国的隐形冠军企业堪称专业化模式的典范。在德国的约350万家企业中，潜藏着1400个左右极具核心竞争力的中小型"隐形冠军"。这些企业从生产材料、零件，到研发医药、设备等产品，在全球某些领域取得了极高的市场占有率，分别成为这些细分领域的王者。这些隐形冠军获得成功的关键原因在于其专注于细分市场、追求产品质量、持续创新和实施全球化战略。而国内选择专业化战略的企业也不计其数，例如国内位于头部的注塑机企业泰瑞机器（Tederic），20多年来一直专注于注塑机领域，并对标德国和日本制造的品质，致力于成为一家全球化、专业化的百年企业。当企业在产业或市场内具有较强的竞争优势，且该产业或市场需求相对稳定并具有较大市场空间时，适宜采用专业化战略。

（二）多元化

很多企业在发展到一定阶段，特别在原业务领域遭遇发展瓶颈或增长受限时，往往会选择多元化战略。而多元化战略一般分为相关多元化战略和非相关多元化战略两种。

相关多元化战略也称同心多元化战略，是指企业以现有业务或市场为基础，进入相关产业或市场的战略。这种相关性可能体现在产品、生产技术、管理技能、营销渠道、营销技能或用户等方面具有相似性上。通过采用相关多元化战略，企业能够利用原有产业的产品知识、制造能力、营销渠道和技能等优势，获得融合优势。也就是说，企业同时经营两种或以上业务/市场所获得的盈利，会超过各自独立经营时盈利的总和。当企业在产业或市场内具有较强的竞争优势，但该产业或市场的成长性或吸引力逐渐下降时，适宜采用同心多元化战略。例如，专注于视频监控领域的海康威视，凭借其在视频和控制技术方面多年积累的经验，成功将业务拓展至机器视觉和移动机器人领域，并成功开创了新的业务板块。再如，拥有百年历史的全球知名建材企业圣戈班集团以玻璃生产起家，随后逐步将业务拓展至建材分销领域。由于在客户端和营销渠道上具有协同效应，圣戈班集团通过相关多元化战略，逐步将业务拓展至磨料磨具、陶瓷材料及玻璃纤维等产业，逐步成为一个多元化产业帝国。

非相关多元化战略也称离心多元化战略，是指企业进入与当前产业和市场均不相关的领域的战略。如果企业当前所处的产业或市场缺乏吸引力，且企业自身不具备转向相关产品或市场的能力，那么采用非相关多元化战略可能是一个较为现实的选择。采用这种战略的主要目的并非利用产品、技术、营销渠道等方面的共性，而是从财务的角度出发，平衡现金流或寻找新的利润增长点，以规避产业或市场中的发展风险。例如，华立集团最初从事电表业务，但由于电表市场的容量有限，该集团又通过投资并购的方式进入医药行业。最终，医药业务成为该集团最大的收入和利润来源。

（三）一体化

一体化战略可以分为在产业链上下游的纵向一体化

战略和横向一体化战略两种类型。其中，纵向一体化战略又可以分为向前一体化战略和向后一体化战略。向前一体化战略侧重于获得分销商或零售商的所有权或加强对其的控制。通过控制销售过程和渠道，企业能够更好地掌握市场动态，提高对消费者需求变化的敏感性，从而提高自身的市场适应性和竞争力，同时可以降低销售成本。典型的例子就是一些新能源汽车品牌——如特斯拉、蔚来、理想、小鹏等车企都采取品牌直营的模式，建立自己的销售网络，直接面向终端消费者。向前一体化战略适用于销售成本较高或可靠性较差的情况，或者在企业所在产业的增长潜力较大，且企业具备所需的资金和人力资源时采用。向后一体化战略侧重于获得供应商的所有权或加强对其的控制。通过这种方式，企业可以有效控制关键原材料的成本、质量，提高供应可靠性，确保生产经营活动稳定进行。太阳能光伏组件行业的头部龙头企业，如晶科、晶澳、隆基绿能、天合光能等，基本都采用垂直一体化的模式，即产业链完整覆盖硅料、硅片、电池片和组件等上游制造环节，以实现成本的最小化。向后一体化战略适用于供应商供应成本较高或可靠性较差的情况，或者在企业所在产业的增长潜力较大，且企业具备所需的资金和人力资源时采用。另外一种一体化战略是横向一体化战略，其中又可以分为一体化解决方案战略和横向一体化并购整合战略。一体化解决方案战略通过横向整合硬件、软件、服务等要素，为客户提供一体化的解决方案的业务模式。其适用的典型行业和企业包括 IT 系统、自动化设备、建筑安装工程等领域的系统集成商。例如，创维光伏的主营业务就是太阳能光伏电站的EPC（工程总承包）业务，主要针对用户和工商业场景提供系统的新能源解决方案；中鼎集成则是一家针对厂内物流场景，为客户提供集设备供应、软件开发、安装调试和技术服务于一体的智能物流系统解决方案提供商。一体化集成解决方案模式适用于客户的定制化、个性化的需求场景，以及业务价值链较长，参与方较多，业务方案较复杂的行业。横向一体化并购整合战略通过对同类型企业的横向并购与整合，来获取市场份额、客户资源、核心技术、规模经济效应等。横向一体化并购整合战略适合处于成熟期、增速较慢、缺乏成长空间的行业，以及可以帮助本企业取得资源或能力补充与协同的情景。

（四）平台化

所谓平台化战略是指通过构建一个多主体生态系统产生网络效应（见图32）的商业模式。随着互联网和数字化技术的发展，采用平台化战略的企业和相关商业模式不断涌现，从电商平台、社交平台、生活类平台、SaaS（Software as a Service，软件即服务）平台到行业云平台等。尽管各类平台林林总总，但总结起来大致可以分为三类。

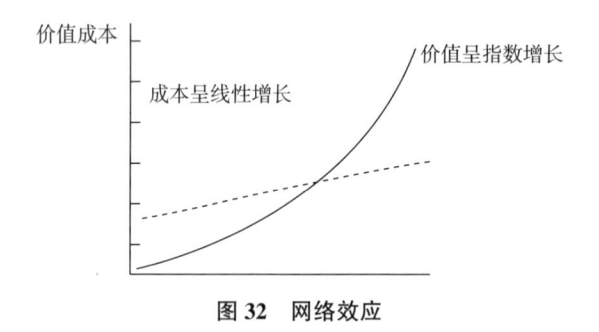

图32 网络效应

第一类是链接平台，即平台的功能是将相关方链接在一起。其典型案例一个是搜索平台或者内容平台，它帮助信息查找方链接信息提供方；另一个是社交平台，它把社会中的个人或机构根据各自的需要链接在一起。

第二类是交易平台，即平台的主要功能是将供需双方或多方撮合在一起达成交易。其典型案例一个是淘宝网，它把供应商、卖家和买家进行链接和匹配并促成交易；另一个典型案例是运满满，它通过一站式的物流平台，帮助货主和司机达成合作交易。

第三类是赋能平台，即平台的功能主要是为众多用户提供一个赋能的服务或产品。其典型例子有 SaaS 云服务平台、工业互联网平台、人工智能大模型等。平台化战略更适合互联网或数字化原生企业，但传统行业也可以延伸拓展到平台化业务领域，例如房地产中介公司链家，在自营的房产中介服务之外，成功打造了贝壳找房——一个为众多中小房产中介赋能的服务平台。链接平台、交易平台、赋能平台并不一定单独存在，而是也可以组合出现。例如微信平台，它既是提供链接的社交平台，又可以提供微信电商交易服务，同时提供微信支付等平台赋能服务。但在平台化战略中，值得我们注意的是，平台化的业务一般都会遵循"赢者通吃"的规律——在特定的领域，最后只会剩下少数胜出的平台。因此，平台化战略并不适合大多数企业。

（五）全球化

企业的全球化大致可以分为三个阶段：国际化、跨国化和全球化（见图33）。在国际化阶段，企业主要通过海外代理商以出口贸易的方式进行海外市场拓展，这样可以以较小的代价和较低的风险打开国际市场，增加收入来源；在跨国化阶段，企业开始在海外建立销售服务网络，针对不同区域市场提供差异化产品，部分企业还在海外建设工厂，以散件进口、本地组装的方式进行生产，从而规避高额关税，降低生产成本；在全球化阶段，企业利用全球生态资源，建立一套集研发、采购、生产、销售、服务和业务管理于一体的全球化运营体系，成为"全球化+本地化"（Glocal）的企业。回顾经济发展史，世界已经经历了四次全球化浪潮。第一次全球化浪潮始于19世纪末，结束于1914年，其得益于工业革命带来的交通和通信进步。第二次全球化浪潮的时间是从1945年第二次世界大战

	1.0 国际化	2.0 跨国化	3.0 全球化
经营目标	■ 以较小的代价和较低的风险，打开国际市场，增加收入来源	■ 扩大海外收入规模 ■ 增加海外业务盈利 ■ 提升海外业务竞争力	■ 提升全球范围的市场表现 ■ 提升企业可持续发展的能力
企业定位	■ 国际化企业（International）	■ 跨国企业（Multi-national）	■ "全球化+本地化"企业（Glocal）
运营模式	■ 国内制造，海外销售 ■ 通常以国际代理方式进行销售	■ 利用中国供应链支持海外产能布局（一般以KD模式为主） ■ 定制满足当地需求的产品 ■ 建立跨国化的销售服务网络	■ 全球化的研发、采购、生产、销售、服务和业务管理的一体化运营 ■ 全球化企业公民
关键成功因素	■ 基础供应链和制造能力 ■ 销售渠道运作和产品销售	■ 海外市场产品创新能力 ■ 海外品牌建设和管理能力 ■ 海外服务体系建设和运营能力 ■ 海外生产运营管理能力 ■ 海外物流供应链能力	■ 高效地利用全球生态资源，并适应统一的运营模式 ■ 在一个业务平台上集成端到端流程和组织 ■ 整合品牌定位，打造全球品牌 ■ 全球跨文化管理和人才管理 ■ 全球合规管理和风险管理体系

图 33　企业全球化的三个阶段

结束到 1989 年。第三次全球化浪潮从 1989 年柏林墙倒塌和 1991 年苏联解体开始，直至 2008 年国际金融危机爆发。随着全球经济从金融危机中复苏、数字经济崛起、人工智能蓬勃发展，以及中国在全球经济中日益发挥重要的作用，第四次全球化浪潮于 2010 年拉开序幕。然而，从 2018 年开始，随着国际地缘政治格局的剧烈变化，尤其是后疫情时代，保护主义情绪、关税和其他贸易壁垒不断增加，出现了逆全球化甚至去全球化的迹象。因此，企业在考虑出海战略时，需要对海外市场的政治经济环境进行综合评估后再进行战略选择决策。但无论如何，由于中国是世界工厂，全球化必定是大多数中国企业的必然选择。无论是小规模的出口贸易商或跨境电商，还是已实现规模化、全球化运营的企业，都可以走出一条适合自己的全球化之路。

（六）规模化

规模化战略的本质是利用规模经济效应来获得竞争优势，即当产量增加时，单位成本会减少。此外，随着生产累计数量和任务重复次数的增加，经验曲线效应也会显现，技能的提高和工作流程的优化能够提升工作效率（见图34）。规模化战略适用于大规模、标准化、流程化的制造业或服务业。然而，尽管规模经济效应可以带来经济效益，但规模过大可能会带来信息传递缓慢、信息失真、决策迟缓以及管理官僚化等问题，从而引发规模不经济现象。因此，企业需要在规模经济和规模不经济之间找到平衡点。

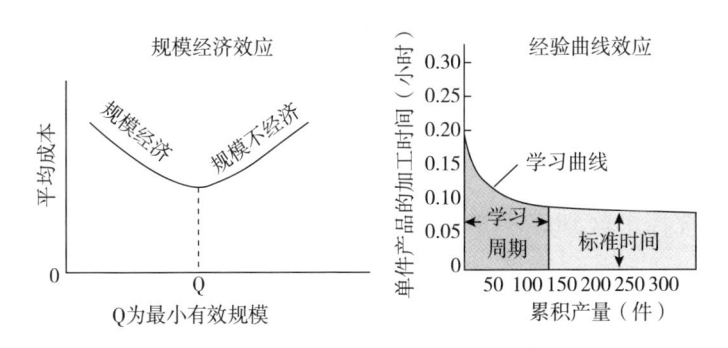

图 34　规模经济效应和经验曲线效应

（七）差异化

差异化的战略主要体现在两个层面：一是目标细分市场的差异化选择，即避开主流的赛道或细分市场，选择较为小众或分散的市场。例如家电厂商小熊电器，它在品类策略上避开了空调、冰箱、洗衣机、电视等占据家电份额70%以上的大家电市场，选择了市场规模较小的小家电赛道，包括厨房类、生活类小家电，覆盖了80多个品类、900多个SKU（最小存货单位），从养生壶、煮蛋器、电热饭盒，到咖啡机、宝宝煮粥锅等，将自己打造成为一个围绕用户生活场景的小家电王国。另外一个例子是安克创新，它没有进入像手机这样的大品类电子消费赛道，而是选择了移动电源、充电器、线材等不起眼的电子配件产品，最后成就了全球头部充电品牌Anker。另一个层面的差异化是指价值定位的差异化，即企业选择了区别于一般竞争对手的核心价值主张而形成了差异化竞争。典型的案例就是汽车品牌沃尔沃——它没有像其他汽车品牌那样把外观、性能、舒适、油耗等作为卖点，而是把"安全"作为其产品的核心价值主张，并把这个主张一以贯之地落实到技术研发、品质和品牌建设中，最后走出了一条成功的差异化之路。顺丰快递没有与其他快递公司打价格战，而是强调其快递服务的可靠和快速，并通过在基础设施建设、业务流程优化和数字化等方面的投入来实现和强化这一核心价值，因此当人们希望寄一个万无一失和快速送达的包裹时，都会倾向于去找顺丰。差异化的战略适合希望打造差异化竞争优势的企业，它的核心思想是"不走寻常路，回避同质化竞争"。

企业的发展模式相对稳定和持续，但也会随着企业发展而不断演化，并形成自身的发展模式组合。例如，企业可能从初创阶段的专业化，逐步演化为多元化，然后推进全球化（见表4）。

表 4　中外企业的发展模式

海外企业	战略定位	发展模式	中国企业	战略定位	发展模式
3M	作为一家世界知名的多元化科技创新企业，100多年以来，3M开发了几万种产品，涉及运输、建筑、商业、教育、电子、通信等多个领域	多元化+全球化	海康威视	以视频技术为起点，逐步构建和完善以物联感知、人工智能、大数据为核心的智能物联技术体系，为千行百业提供安防和场景数字化产品与服务	专业化+差异化+全球化
特斯拉	一家电动汽车及清洁能源行业跨国公司，总部位于美国得克萨斯州，产销电动汽车、太阳能板及储能设备与系统解决方案	专业化+一体化+全球化	比亚迪	一个涵盖电池、电机、电控等新能源汽车全产业链核心技术的中国汽车品牌	专业化+一体化+规模化+全球化
京瓷	一家精密陶瓷生产厂商，现已发展成为涉及电子元器件、半导体、通信设备、环保能源设备等多个领域的全球科技巨头	专业化+差异化+全球化	农夫山泉	一家专注于研发、推广饮用天然水、果蔬汁饮料、特殊用途饮料和茶饮料等各类软饮料的企业	专业化+规模化+全球化

续 表

海外企业	战略定位	发展模式	中国企业	战略定位	发展模式
亚马逊	一家集电商、云计算、人工智能、线下实体书店等于一体的消费和科技公司	规模化+平台化+全球化	阳光电源	一家专注于太阳能、风能、储能、氢能、电动汽车等新能源电源设备的研发、生产、销售和服务的国家重点高新技术企业,致力于为客户提供清洁能源全生命周期解决方案	专业化+一体化+全球化
宣伟	一家提供全系列涂料产品的专业厂商,产品广泛应用于工业木器、通用工业、包装、卷材与型材、汽车涂料、工业重防腐与船舶等多个业务领域	专业化+全球化	美团	一家科技零售公司,是中国领先的生活服务电子商务平台	平台化+规模化

方法篇

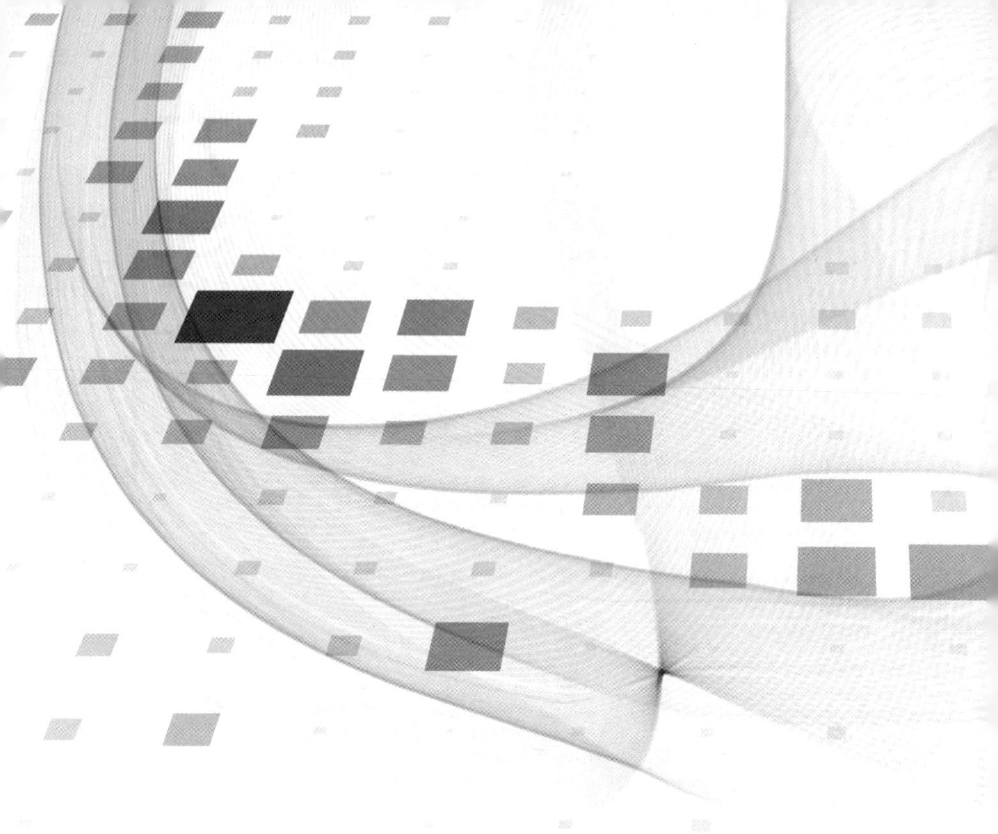

如何制定企业战略规划？

接下来，本书将介绍企业开展战略规划的方法。

（一）战略规划的要素和要求

遵循以终为始的原则，战略规划应包含以下四大核心要素。

首先是目标体系。战略需明确企业的战略意图（抽象层面）及具体经营目标（量化层面），构建分层目标体系。

其次是策略路径。需系统回答"如何实现目标"，包含战略方案比选论证、业务模式创新设计、策略组合优化，最终形成战略指导纲领（战略主题与战略方针）。

再次是能力支撑。规划需包含组织能力建设方案，涵盖组织架构、资源配置与核心能力培养。可类比于军事作战，既需战略战术设计，更需兵力部署、装备配置与后勤保障体系的协同支撑。

最后是实施体系。需将战略分解为可操作的实施方案，明确关键举措、行动路线图（含实施时序与依存关系）及里程碑计划。

（二）一个好的战略应该具备六大特征

定义了战略规划的要素和要求，我们还需要确定一个好的战略应该具备的特征（见图35）。

①简单和聚焦。战略的要义是"集中资源办大事"，其中有两层意思，一是要把资源集中，力往一处使；二是要做成少数的"大事"（大目标）。通常来说，一个好的战略，其核心思想用简单的几句话就可以被清晰地表达出来。

②全局性。战略视野的外部视角应覆盖产业全景图、竞争生态与价值链定位，内部视角应贯通组织架构、业务矩阵与运营体系，整体平衡短期生存与长期发展。

③前瞻性。战略是一种长期规划，因此要把目光投向未来的趋势、业务机会和潜在风险，在建立起对未来发展的认知和预期假设的基础上，进行战略规划。

④匹配性。从本质上说，战略要在目标和能力之间实现平衡，因此企业的组织、资源和能力需要与战略目标相匹配，否则就会力不从心。

⑤创新性。战略不是指维持现状和重复过去，而是强调如何开创未来。因此，要思考企业在业务组合、业务模式、业务运营、生态合作等方面如何进行创新。

⑥可行性。无论是多么伟大和英明的战略，最终都必须满足可落地、可执行的条件，否则它就仅仅是一份"关于梦想和想法"的文件。

最后如果把企业战略总结为一句话，那就是：实现企业中长期经营目标的具有一致性、连贯性的行动指南。

（三）企业战略体系的层次和内容

在战略管理框架中，通常需明确三个层级的战略（见图36、图37）。

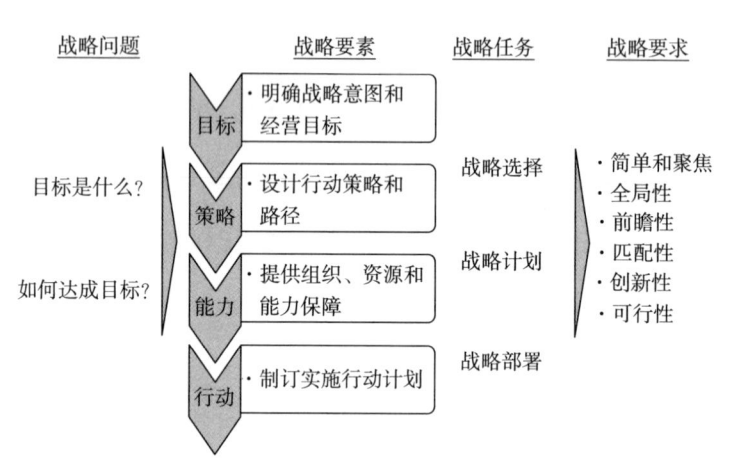

图 35　一个好的战略应该具备的六大特征

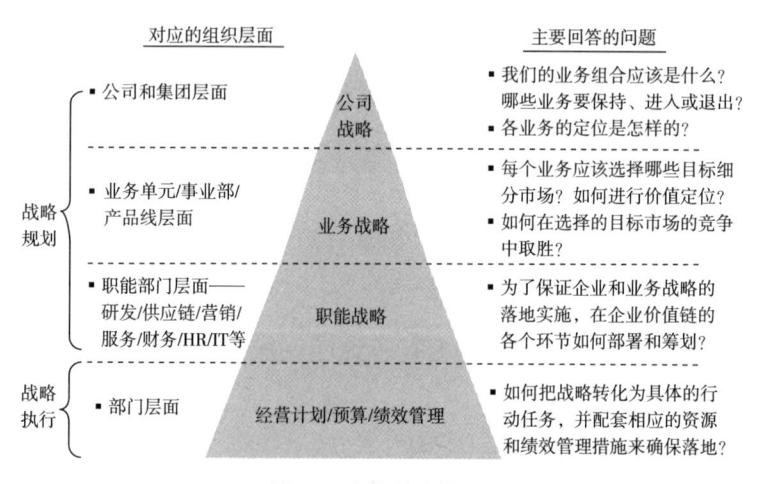

战略问题	战略要素	战略任务	战略要求
目标是什么？	目标·明确战略意图和经营目标		·简单和聚焦
	策略·设计行动策略和路径	战略选择	·全局性 ·前瞻性
如何达成目标？	能力·提供组织、资源和能力保障	战略计划	·匹配性 ·创新性 ·可行性
	行动·制订实施行动计划	战略部署	

图 36　企业战略体系 1

战略规划
- 公司和集团层面 → **公司战略**
  - 我们的业务组合应该是什么？哪些业务要保持、进入或退出？
  - 各业务的定位是怎样的？
- 业务单元/事业部/产品线层面 → **业务战略**
  - 每个业务应该选择哪些目标细分市场？如何进行价值定位？
  - 如何在选择的目标市场的竞争中取胜？
- 职能部门层面——研发/供应链/营销/服务/财务/HR/IT等 → **职能战略**
  - 为了保证企业和业务战略的落地实施，在企业价值链的各个环节如何部署和筹划？

战略执行
- 部门层面 → **经营计划/预算/绩效管理**
  - 如何把战略转化为具体的行动任务，并配套相应的资源和绩效管理措施来确保落地？

一是公司战略，它主要回答的是"我们的业务组合应该是什么？""哪些业务要保持、进入或退出？"以及

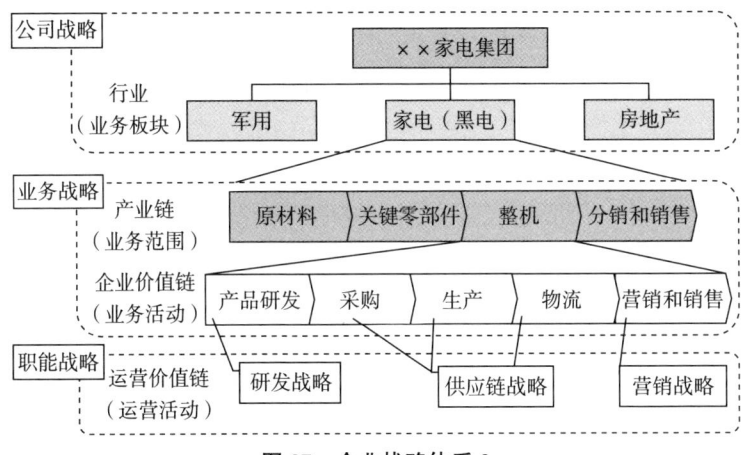

```
公司战略 ┐
         │ 行业         ××家电集团
         │（业务板块）  军用  家电（黑电）  房地产
业务战略 ┐
         │ 产业链      原材料 关键零部件 整机 分销和销售
         │（业务范围）
         │ 企业价值链  产品研发 采购 生产 物流 营销和销售
         │（业务活动）
职能战略 ┐
         │ 运营价值链  研发战略  供应链战略  营销战略
         │（运营活动）
```

图37　企业战略体系2

"各业务的定位是怎么样的？"这三个问题。

二是业务战略，它主要回答的是"每个业务应该选择哪些目标细分市场？""如何进行价值定位？"以及"如何在选择的目标市场的竞争中取胜"这三个问题。

三是职能战略，它主要回答的是"为了保证企业和业务战略的落地实施，在企业价值链的各个环节如何部署和筹划"这一问题。

（四）战略规划的方法

自20世纪50年代战略管理学科兴起以来，学界与业界共同推动了战略工具方法的迭代发展，经典且经得起时间和实践考验的方法包括SWOT分析（分别分析优势、劣势、机会、威胁）、PEST分析模型（分别分析政治、经济、社会和技术）、波士顿矩阵、安索夫矩阵、波特通用战略、铁三角战略、麦肯锡三层面理论等（见表5）。

但这些战略理论和方法都存在一定的局限性。一方面，多数模型仅聚焦战略制定的单一维度（如竞争分析、业务组合），缺乏系统化整合；另一方面，一些理论框架与实施路径脱节，缺少从战略设计到执行落地的完整方法论。

表5　　经典的战略规划理论、方法和书籍

序号	战略规划理论、方法和书籍	提出者	时间
1	安索夫矩阵	伊戈尔·安索夫	1957年
2	经验曲线效应	布鲁斯·亨得森	1960年
3	PEST分析模型	弗朗西斯·阿吉拉尔	1967年
4	关键成功因素分析法	威廉·扎尼	1970年
5	SWOT分析	肯尼斯·安德鲁斯	1971年
6	波士顿矩阵/麦肯锡矩阵/GE矩阵	布鲁斯·亨得森/麦肯锡咨询公司/GE公司	20世纪70年代
7	《战略管理》	伊戈尔·安索夫	1979年

续 表

序号	战略规划理论、方法和书籍	提出者	时间
8	组织一致性模型	迈克尔·塔什曼等	1980 年
9	通用战略、价值链分析法、《竞争战略》《竞争优势》《国家竞争优势》	迈克尔·波特	1980 年
10	《战略管理》	弗雷德·R. 戴维	1986 年
11	5P 战略理论	亨利·明茨伯格	1987 年
12	《第五项修炼》	彼得·圣吉	1990 年
13	铁三角战略、《市场领导者的修炼》	迈克尔·特雷西和弗雷德·威斯玛	1995 年
14	《平衡计分卡》	罗伯特·卡普兰	1996 年
15	《发现利润区》	亚德里安·J. 斯莱沃斯基等	2002 年
16	BLM 模型	IBM	2003 年
17	《蓝海战略》	W. 钱·金和勒妮·莫博涅	2005 年
18	《商业模式新生代》	亚历山大·奥斯特瓦德和伊夫·皮尼厄	2011 年

续　表

序号	战略规划理论、方法和书籍	提出者	时间
19	麦肯锡三层面理论	梅尔达德·巴格海、斯蒂芬·科利与戴维·怀特	—
20	《精益创业》	埃里克·莱斯	2012 年

在众多战略方法论中，BLM 模型（见图 38）展现出其独特价值，正在被越来越多的中国企业采用。BLM 模型于 2003 年由 IBM 开发，被用于高管战略决策，后经 IBM 全球企业咨询服务部（GBS）产品化处理，成为一套战略咨询标准工具。华为于 2006 年率先系统地引入 BLM 模型并对其进行了本土化改造，构建了 BLM-HW 战略管理体系。中兴、阿里云等 300 多家企业也相继采用了该模型。

笔者从 2011 年开始接触和使用 BLM 模型，并作为 IBM BLM 战略解决方案的负责人，为不同行业和规模的众多企业提供了战略咨询与战略赋能辅导服务。BLM 模型的优点主要体现在以下几个方面。

其一，建立标准，统一语言。在导入 BLM 模型后，企业最大的变化是统一了内部的战略语言，建立了战略的

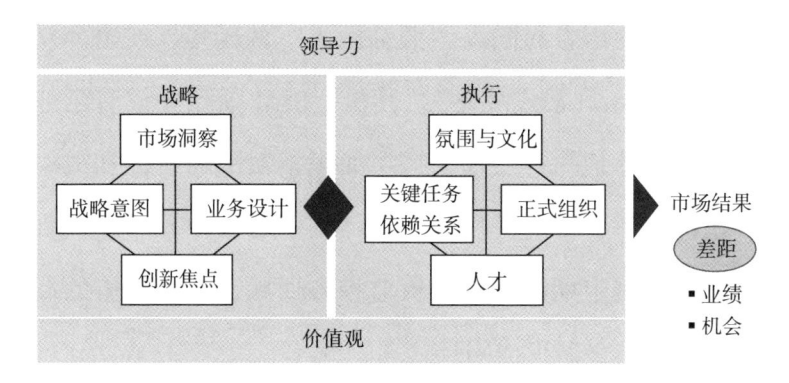

图 38 BLM 模型

标准框架。企业有效地改变了以往不同的人有不同的战略认知和方法的状况,从而显著提升了内部的战略研讨水平,增进了战略共识。

其二,简单明了。BLM 模型用"战略—执行—差距"三大板块架构,以及若干子模块定义了战略的框架和内容,支撑战略规划团队的结构化研讨。

其三,系统化。BLM 模型将战略规划和战略执行(能力规划)动态链接,确保战略和能力相匹配。

然而,在咨询实践中,BLM 模型本身存在不足之处。第一,BLM 模型作为业务战略规划的高阶思维框架,缺乏程序化和工具化,即模块关联逻辑与具体工具方法缺失，导致使用者易陷入"照猫画虎"的困境，产出碎片化的"BLM目录式战略"。其次，BLM模型并没有延伸到战略的落地执行层面，该层面包括对战略目标和战略举措的分解，对应关联至业务计划、财务预算和绩效管理，并开展定期的战略执行监控和回顾，进行战略的调整和更新，最后形成闭环管理。

笔者基于BLM模型内核，融合自己多年的实战经验与多流派方法论的精髓，最终总结出全面战略管理体系，致力于实现从战略管理端到终端的闭环。

（五）战略管理循环

所谓战略管理循环，就是把战略回顾、战略规划、战略执行有机结合在一起所形成的管理循环（见图39）。这也是全面战略管理体系的核心内容，笔者将在后续内容中对其进行详细介绍。

（六）战略回顾

传统战略管理遵循"战略规划—战略执行—战略回顾"的线性流程，但全面战略管理体系基于动态循环视

| 方法篇 | 101

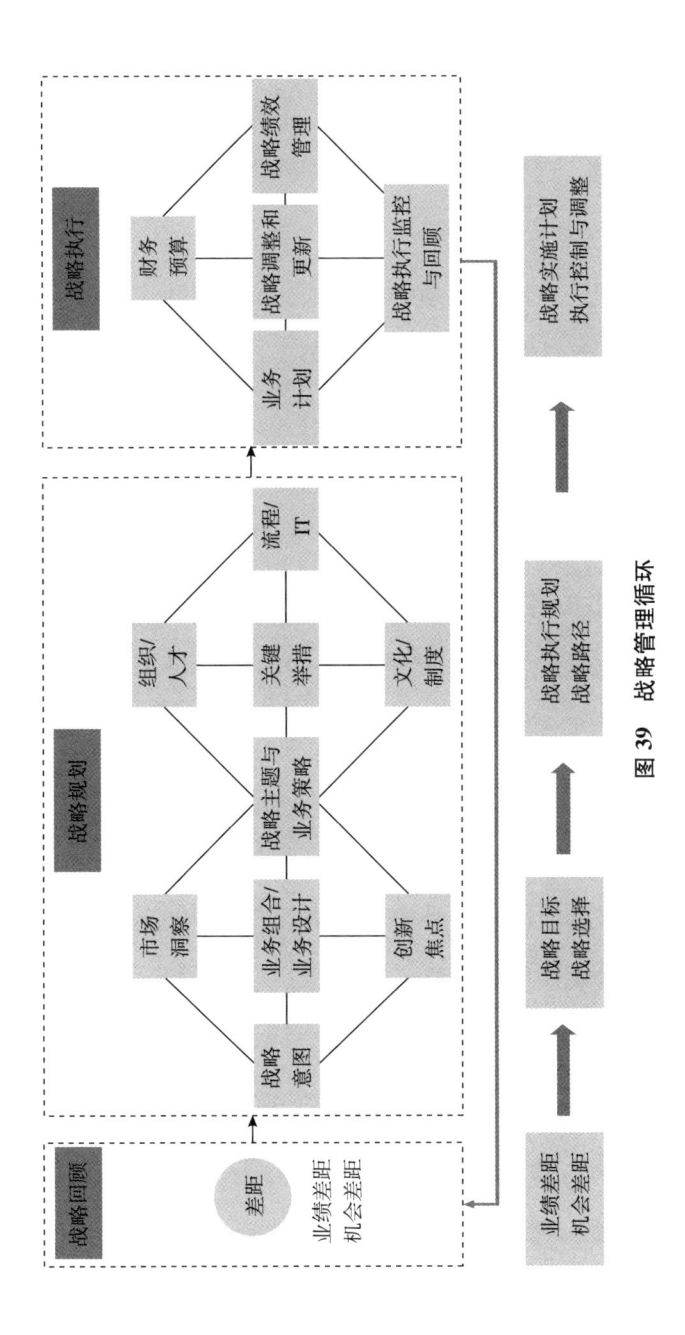

图 39 战略管理循环

角，将流程重构为"战略回顾—战略规划—战略执行"的迭代逻辑。这种调整源于战略回顾的双重属性——战略回顾既是上一个战略循环的结束，也是下一个战略循环的开始。因此，在讲战略规划的时候，战略回顾是第一步。战略回顾中的主要工作是完成差距分析，包括业绩差距分析和机会差距分析（见图40）。

1. 业绩差距

（1）关键问题

过去企业执行战略的效果如何？与目标之间有何差距？产生差距的根本原因是什么？

（2）工作任务

分析企业预期的主要业绩目标和实际达成情况之间的差距，并通过因果关系逻辑明确相关影响因素，最后明确最根本的关键影响因素，即根因，并初步提出改进方向。

（3）工作指引

①目标回顾。列出企业和业务板块上一年（或上一战略周期）的KPI（关键绩效指标）以及预期目标，例如销售额、销量、毛利、利润和关键运营指标等。

图40 差距分析

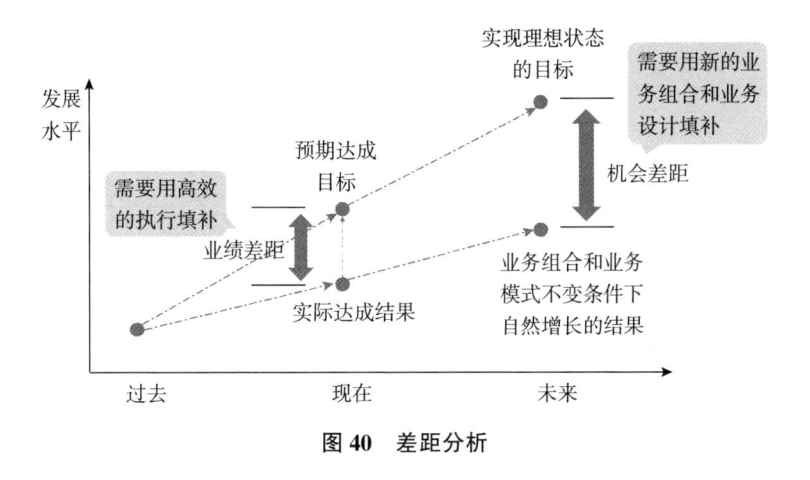

②实际达成情况回顾。收集并整理该KPI的实际达成情况和其与目标之间的差距值或比例。

③根因分析。针对显著偏差指标进行根因分析,明确该差距的根因。

④提出改进方向。针对显著偏差指标及其根因,提出初步的改进方向(见图41)。

(4)下游输出

业绩差距分析的成果将被输入下阶段对战略规划的"市场洞察""创新聚焦""业务组合、业务设计"和"关键举措"模块的设计。

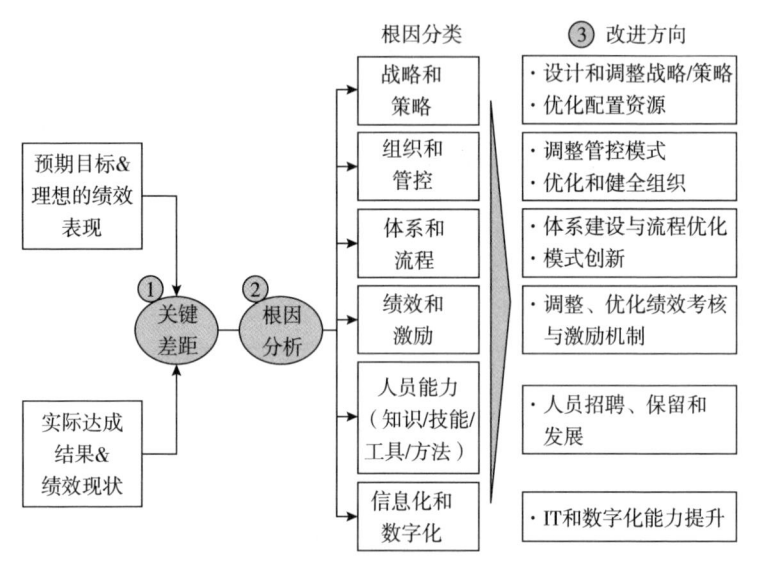

图 41　业绩差距分析和示例

2. 机会差距

（1）关键问题

我们错失了哪些重大的业务机会？为什么？

（2）工作任务

系统识别企业历史或潜在战略机会，评估机会成本并提出应对策略。

（3）工作指引

①整合内外部信息，梳理企业已错失或可能错失的战略级机会。

②初步对该业务机会的大小进行量化评估，对于非定量机会则进行其对本企业影响的定性描述。

③分析机会相关的关键不确定因素。

④针对该业务机会初步提出对策。

(4) 下游输出

机会差距分析的成果将被引入战略规划的"市场洞察"模块和"业务设计"模块。

（七）战略规划

战略规划大致可以分为四个步骤，即战略意图、战略定位、战略路径、战略支撑。战略意图主要回答"我们要到哪里去？"这一问题，主要输出企业使命、愿景和战略目标；战略定位主要回答"我们的业务是什么？"这一问题，主要输出市场洞察、创新焦点、战略定位、业务组合等；战略路径主要回答"我们通过怎样的方式和手段达成目标？"这一问题，主要输出业务设计、战略主题/业务策略、关键举措等；战略支撑主要回答"我们如何支撑保障战略执行？"这一问题，主要输出组织/人才、流程/IT、文化/制度等。

1. 战略意图（见表6）

（1）关键问题

企业存在的意义和价值是什么？企业未来将发展成什么样？企业和员工共同认可和推崇的价值标准与行为准则是什么？企业在市场上的角色定位是什么？企业希望达成的经营目标是什么？

表6　　　　　战略意图

战略意图	回答的问题	释义	示例
使命	企业存在的意义和价值是什么？	使命确定了企业的发展方向，并定义了企业的性质。它告诉企业的每个成员，我们在一起工作是为了什么，我们准备为这个世界作出怎样的贡献	● 用科技与智能为产业赋能
愿景	企业未来将发展成什么样？	愿景是企业对未来的设想和展望，是企业在整体发展方向上要达到的一个理想状态，即愿望中的景象	● 成为受人尊敬的全球化科技企业

续　表

战略意图	回答的问题	释义	示例
价值观	企业和员工共同认可与推崇的价值标准与行为准则是什么？	价值观是企业及其员工在长期的生产实践中产生并共同遵守的思维模式和职业道德，是企业文化的核心	● 诚信 责任 创新
战略定位	企业在市场上的角色定位是什么？	战略定位描述企业服务什么市场和扮演什么角色，即回答"我们是一家什么样的企业？"这一问题	● 全球Top5的智能物联网平台和云服务商
战略目标	企业希望达成的经营目标是什么？	企业希望在战略周期内取得的业务目标	● ×年内实现业务翻番，达到××亿元

（2）工作任务

通过战略研讨，明确企业的战略意图，输出企业的使命、愿景、价值观、战略定位和战略目标。

（3）工作指引

通过组织企业领导人和核心管理团队召开战略意图研讨会，输出战略意图内容。通常来说，企业的使命、愿景和价值观一旦确定下来，就是具有持久性和延续性的。因此在每个战略周期内，如无重大变化，使命、愿景和价值观无须重复讨论，而应直接继承。可以重点讨论企业的战略定位和经营目标。

（4）下游输出

战略意图的输出将为下游的"市场洞察""业务组合和业务设计"和"创新焦点"模块提供战略方向和价值判断的指引，帮助企业进行下一步战略选择和决策。

2. 市场洞察

（1）关键问题

影响行业和企业发展的重大宏观因素是什么？行业和产业生态链的发展现状与趋势是怎样的？行业中各个细分市场的现状和趋势是怎样的？各个细分市场的供给（竞争）和（客户）需求是怎样的？结合自身的现状与潜力和外部的业务机会，我们应该如何进行战略选择和定位？

（2）工作任务

通过宏观环境分析、行业分析、细分市场分析和自身的资源能力分析，对市场的业务机会进行评估，根据业务价值（市场规模、增速、利润水平、战略协同价值等维度）和业务可行性（竞争状况、进入门槛、能力匹配度等维度）对业务机会进行优先级排序、分析和选择（见图42）。

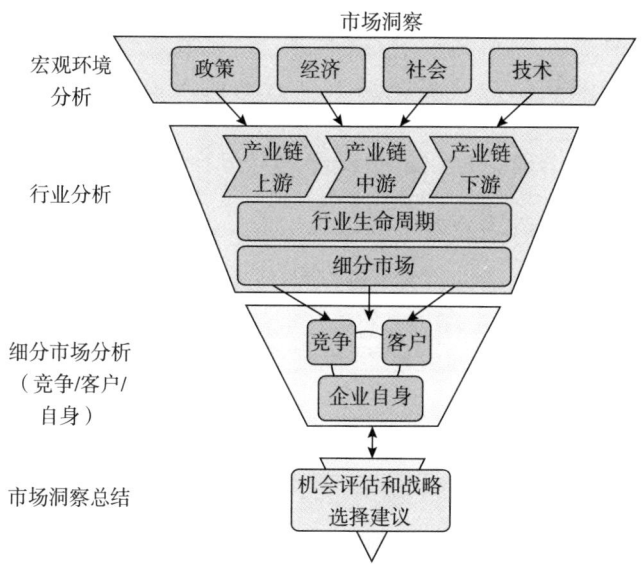

图42 业务经济优先级排序、分析和选择

（3）工作指引

①宏观环境分析

采用 PEST 分析，从政策、经济、社会和技术四个方面分析外部宏观环境中影响本行业和本企业的重大因素，并识别其中的机会和挑战。

②行业分析

描述产业链生态的全景，分析产业链上下游环节的市场现状，包括但不限于主要玩家、产品和服务、市场规模及增速、行业利润率状况、行业集中度等。分析产业链各环节的业务演化方向和价值转移趋势。分析行业生命周期的历程、现状和未来发展趋势，并与行业的市场规模、增速、行业集中度等趋势分析相互校验和补充。

③细分市场分析

一是市场细分。根据行业特点确定市场细分的维度，并检验市场细分的合理性和有效性，然后划分出若干细分市场。

二是细分市场概览。通过引用外部权威机构数据或者建立模型推演的方式，对细分市场的规模和增速（包括历史和未来）形成判断。对重点的细分市场从规模、增速、竞争格局、行业集中度、关键驱动/制约因素、市场终局等方面进行概要说明，并总结出未来的市场机会点。

三是客户分析。对细分市场的目标客户画像、客户、用户的需求现状和变化趋势进行分析，探索企业未来的业务机会点。

四是竞争分析。确定竞争分析的目标（宏观或者微观层面），选择竞争对手和竞品，确定分析的维度，收集竞争信息并进行分析整理，最后形成总结报告。分析成果最终应该关于两个问题：竞争对手有哪些值得我们借鉴学习的地方？本企业的竞争对策应该是怎样的？

五是自身优劣势分析。根据企业所在行业特性和行业发展阶段总结提炼行业关键成功因素，并选择市场上的关键竞争对手，对其在关键成功因素上的能力水平进行评分，然后对本企业和竞争企业进行优劣势分析，明确自身的不足，为后面的核心能力建设和关键举措提供输入。

六是SWOT分析。对前述的宏观环境分析、行业分析和细分市场分析用SWOT分析法进行汇总整理，对"机会"的业务价值大小、"威胁"的影响企业的程度大小、"优势"产生的企业价值大小、"劣势"制约企业发展的影响大小及其他各项内容的相对重要性进行排序。

七是业务战略定位分析（SPAN分析）。对各个细分市场从"业务价值"和"业务可行性"两个维度进行量化评估，其中的二级维度以及其他各维度的权重可以根据行业和企业的特点、战略设想进行定制适配，最后得出细分市场业务机会的优先级排序。其中，"业务价值"主要从细分市场的规模、增速、利润水平和对企业自身的战略协同价值出发进行评估；而"业务可行性"则主要从进入壁垒、竞争强度、企业能力（包括潜能）匹配度以及是否可以充分利用企业自身资源等出发进行评估。

八是市场洞察总结。对市场洞察的内容以由外及里的视角进行提炼总结——企业应该把握哪些未来的趋势和业务机会？并对此初步提出相应的策略建议。

（4）下游输出

市场洞察的成果将被引入"业务组合/业务设计"和"创新焦点"模块，同时会反向输入"战略意图"模块，为战略定位和战略目标的制定提供参考。

3. 创新焦点

（1）关键问题

未来为确保企业和业务持续发展，保持市场竞争力，我们需要在业务模式、产品和市场以及运营模式等方面做出哪些重要的改变和创新（见图43）？

	创新类型	特点	典型案例
关注成长	**业务模式创新** 价值链重构的创新	▪ 发展新的盈利模式 ▪ 对于业务和产业进行价值链重构 ▪ 建立新的竞争优势	谷歌 阿里巴巴 吉列
	产品和市场创新 创造新需求的产品和市场创新	▪ 发展和创新技术与产品 ▪ 进入新市场，寻找新客户 ▪ 去发现新的产品应用场景	3M 索尼 苹果
关注成本	**运营创新** 改善企业价值链效率的创新	▪ 推行新的渠道和交付方式 ▪ 优化流程以改进生产力 ▪ 核心职能再造以提高效率	福特 戴尔 沃尔玛

图43　三种创新模式

（2）工作任务

探索公司未来的业务创新方向、创新实现的手段，以及明确创新带来的价值。

（3）工作指引

①业务模式创新

运用商业模式画布（见图44）系统梳理现有业务模式，优化迭代现有价值创造体系，探索突破性业务模式。业务模式创新的目标是重塑企业价值创造模式及成果，实现客户价值跃升。

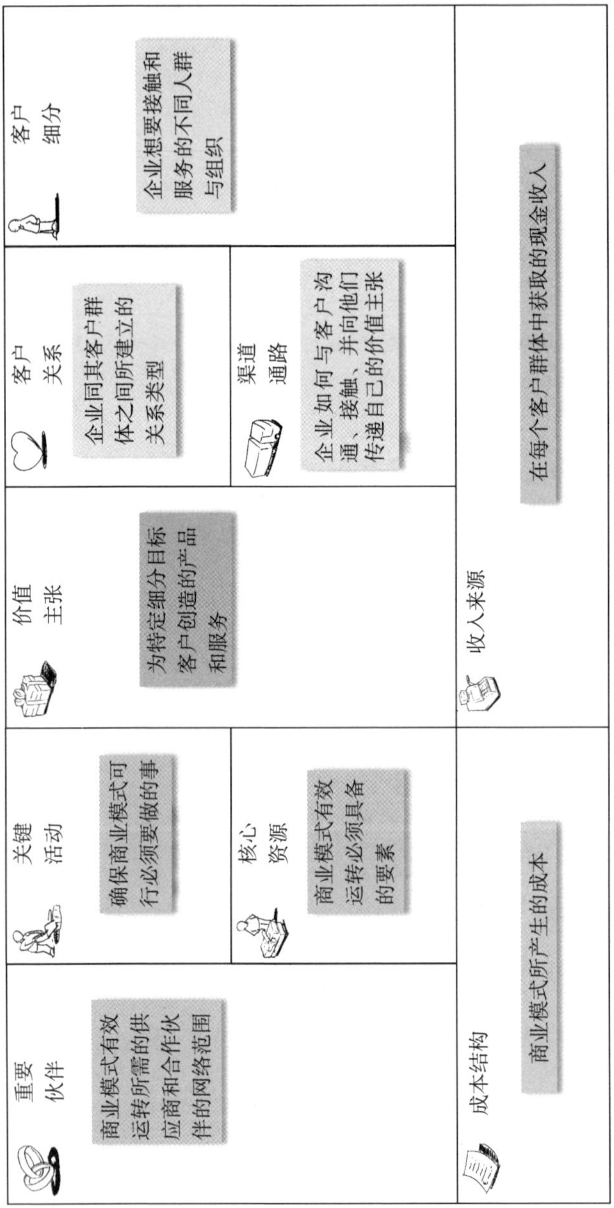
重要
伙伴
商业模式有效运转所需的供应商和合作伙伴的网络范围
关键
活动
确保商业模式可行必须要做的事
核心
资源
商业模式有效运转必须具备的要素
价值
主张
为特定细分目标客户创造的产品和服务
客户
关系
企业同其客户群体之间所建立的关系类型
渠道
通路
企业如何与客户沟通、接触，并向他们传递自己的价值主张
客户
细分
企业想要接触和服务的不同人群与组织
成本结构
商业模式所产生的成本
收入来源
在每个客户群体中获取的现金收入

图 44 商业模式画布

②产品/市场创新

可以利用安索夫矩阵（见图45）探索新产品和新市场，从而为企业带来业务增长。

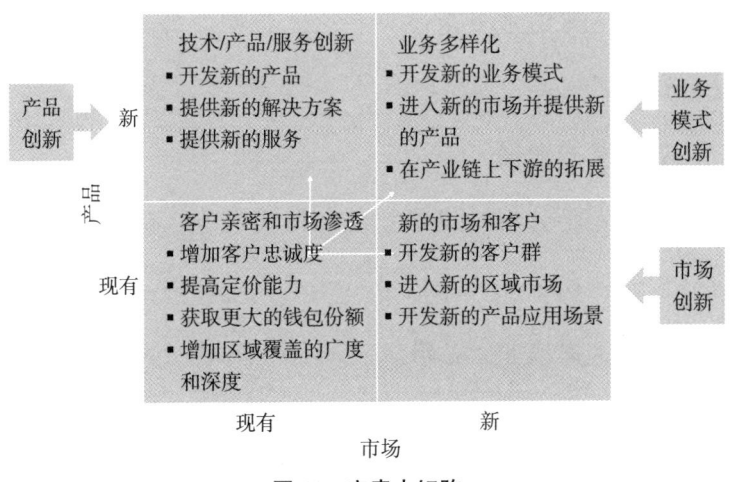

```
                技术/产品/服务创新        业务多样化
            新  ■ 开发新的产品          ■ 开发新的业务模式
                ■ 提供新的解决方案       ■ 进入新的市场并提供新
产品              ■ 提供新的服务             的产品                  业务
创新                                    ■ 在产业链上下游的拓展       模式
       品                                                           创新
       产   
                客户亲密和市场渗透       新的市场和客户
                ■ 增加客户忠诚度         ■ 开发新的客户群
            现有 ■ 提高定价能力          ■ 进入新的区域市场            市场
                ■ 获取更大的钱包份额     ■ 开发新的产品应用场景         创新
                ■ 增加区域覆盖的广度
                  和深度

                      现有                 新
                              市场
```

图45　安索夫矩阵

③运营创新

通过针对企业价值链环节的流程再造和运营模式创新来提升企业运营效率，降低运营成本，从而提升企业的盈利能力和市场竞争力。

（4）下游输出

创新焦点的成果将被引入"业务组合/业务设计"和"关键举措"模块的设计。

4. 业务组合/业务设计

(1) 关键问题

企业未来的业务范围是什么？每项业务如何在市场中取得成功？

(2) 工作任务

通过差距分析、战略意图、市场洞察、创新焦点的输入以及明确公司未来的业务组合，针对各项业务完成业务设计，提出业务策略。

(3) 工作指引

①业务组合

利用麦肯锡三层面理论（见图46），明确公司未来的业务组合，包括基石业务、成长业务和培育业务，并提出各类业务的发展目标和发展方式（如自身建设、兼并收购、合资、战略联盟等）；将业务机会以直观的方式呈现于"业务战略定位矩阵"中，并将业务划分为基石业务、成长业务、培育业务和转型业务，并初步提出各类业务的发展策略建议（见图47）。"基石业务"

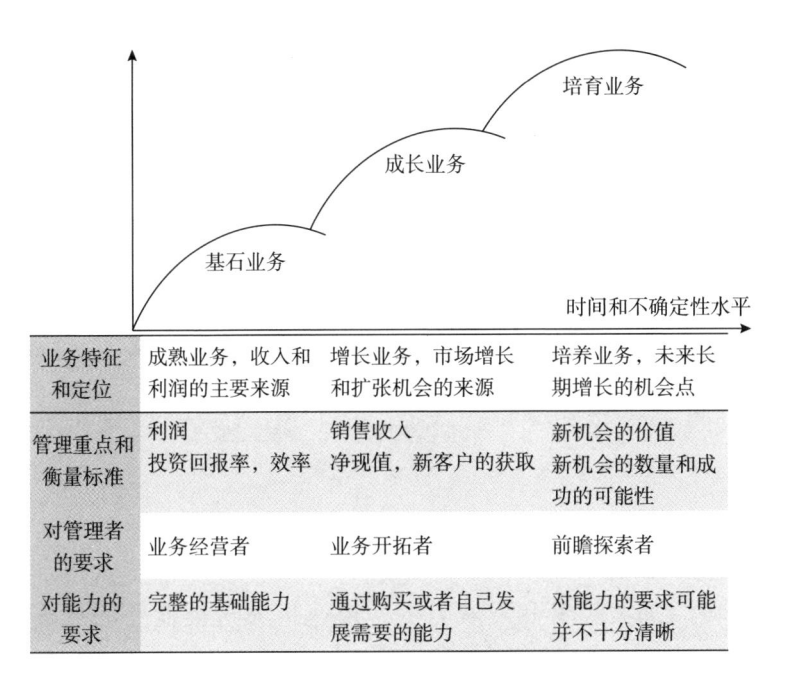

业务特征和定位	成熟业务，收入和利润的主要来源	增长业务，市场增长和扩张机会的来源	培养业务，未来长期增长的机会点
管理重点和衡量标准	利润 投资回报率，效率	销售收入 净现值，新客户的获取	新机会的价值 新机会的数量和成功的可能性
对管理者的要求	业务经营者	业务开拓者	前瞻探索者
对能力的要求	完整的基础能力	通过购买或者自己发展需要的能力	对能力的要求可能并不十分清晰

图46　麦肯锡三层面理论

通常是企业的核心业务，贡献了企业主要的营收和利润，但往往面临市场日益成熟、增速和利润下降的局面。企业的主要对策通常是提升业务的发展质量、提升效率和利润水平，同时可以对成熟市场重新进行细分，识别高价值的市场并集中发展；"成长业务"主要指具有较好成长性和发展前景的业务，其往往处于快速发展的成长期，并且与企业自身的资源能力相匹配，因此企

业务战略定位矩阵

- 高 业务价值 低
- 低 业务可行性 高
- 培育业务 | 成长业务
- 转型业务 | 基石业务
- （圆圈大小代表市场规模预测）

业务发展策略建议

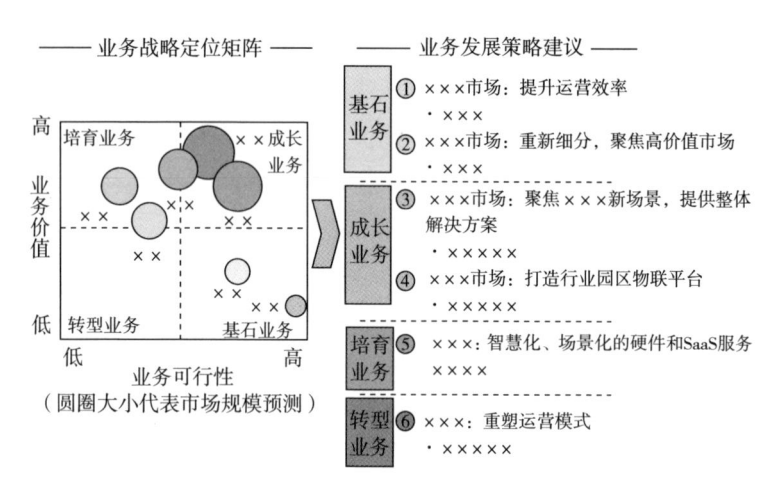

基石业务
① ×××市场：提升运营效率
　·×××
② ×××市场：重新细分，聚焦高价值市场
　·×××

成长业务
③ ×××市场：聚焦×××新场景，提供整体解决方案
④ ×××市场：打造行业园区物联平台
　·×××××

培育业务
⑤ ×××：智慧化、场景化的硬件和SaaS服务
　·××××

转型业务
⑥ ×××：重塑运营模式
　·×××××

图 47　业务战略定位矩阵及示例

业可以加大投资和发展力度，快速扩大这类业务的规模和市场份额，将其作为企业的下一个"增长曲线"，有望成为下一个核心业务；"培育业务"是指具有较好的发展前景，但市场可能处于导入期，需求并没有被充分激发的业务，或者是市场已经进入成长期，但以企业的资源能力水平，尚不能有效参与竞争的业务。企业一方面可以伺机而动，等待市场逐步成熟，另一方面可以通过适当投入和节奏来培养自身的能力，打造可复制、规模化的业务模式；"转型业务"一般指行业处于衰退期或者由于外部环境发生重大变化而受严重冲击的业务，

企业需要快速采取收缩、剥离或者退出的手段进行业务转型。

②业务设计

利用业务设计框架，从客户选择、价值主张、产品组合、关键成功因素四个方面完成该业务的业务设计框架（见图48）。

第一，客户选择。基于细分市场的评估和排序，界定目标市场；根据客户价值贡献度与企业对客户吸引力的匹配度，确定目标客户优先级。

第二，价值主张。基于市场洞察中的客户分析和竞争分析，结合企业自身的战略定位和资源能力状况，通过价值曲线的方法（见图49）提炼差异化核心价值主张。

第三，产品组合。基于目标市场和目标客户的选择，从客户需求、竞争和自身资源能力状况的角度，提出未来的产品组合规划，明确产品（线）定位和业务目标（见图50）。

第四，关键成功因素。根据业务的价值主张和价值要素的要求，明确企业价值链活动，定义核心资源和能力，明确影响本业务的关键成功因素（见图51）。

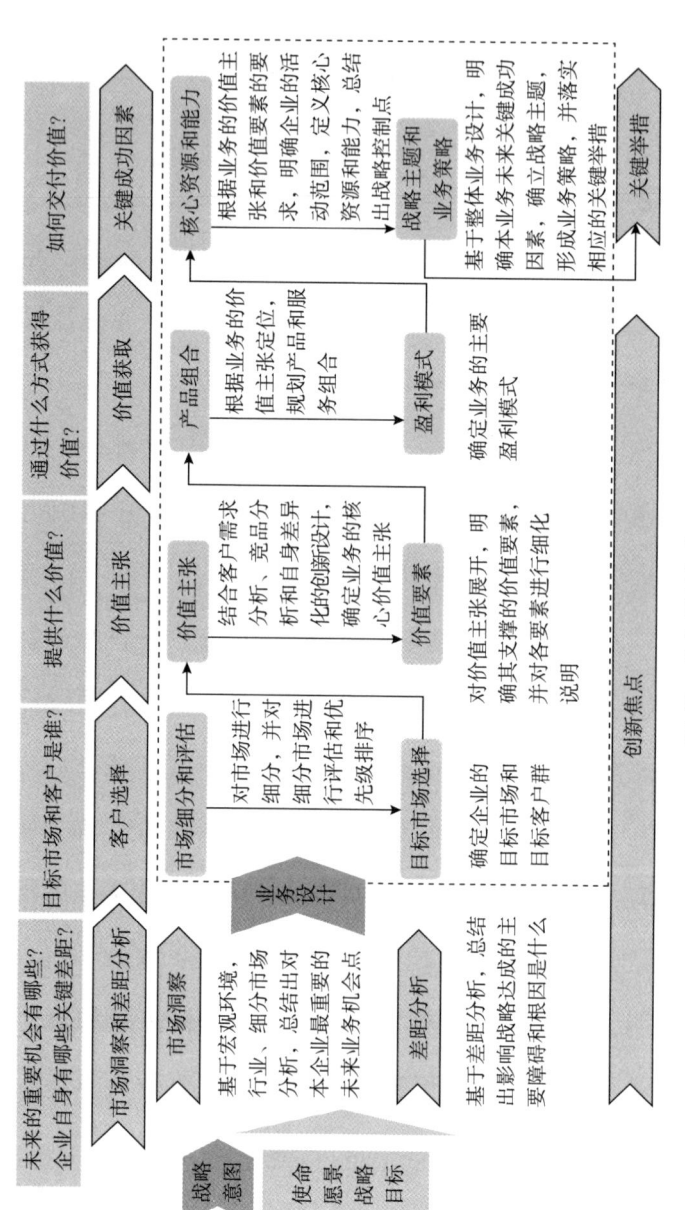

图 48 业务设计框架

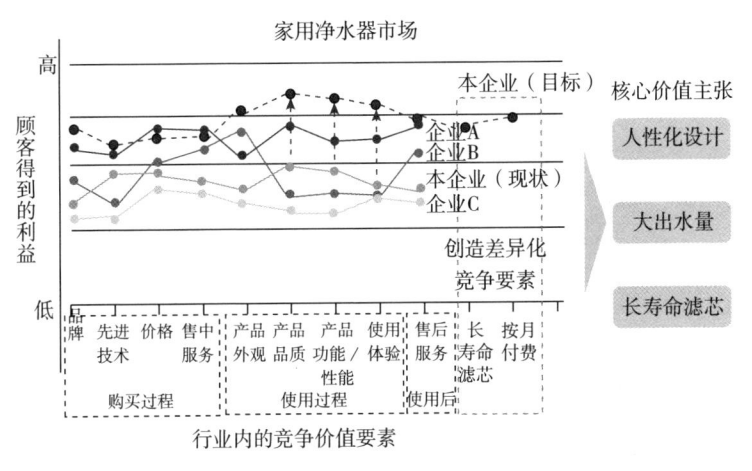

图 49　价值曲线

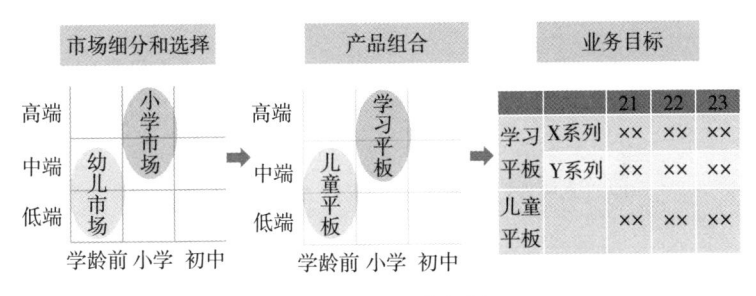

图 50　产品组合规划

（4）下游输出

业务组合/业务设计的输出将为下游的"战略主题/业务策略""关键举措"模块提供战略方向和策略方面的输入。

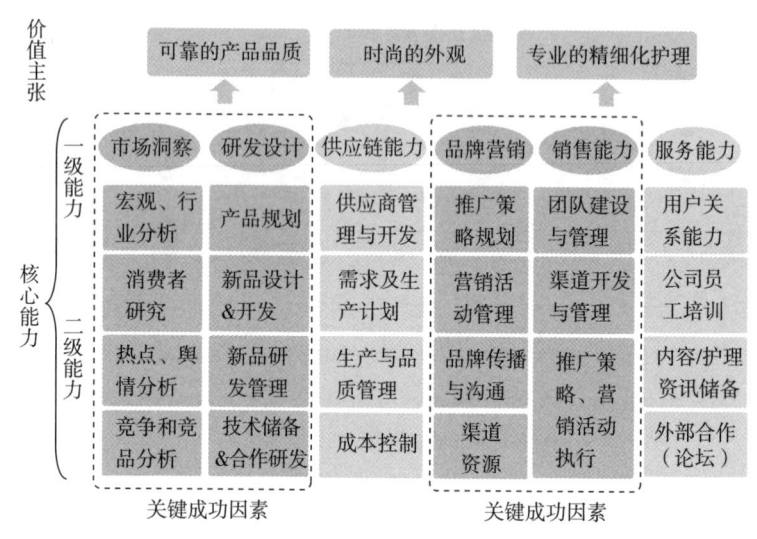

价值主张	可靠的产品品质		时尚的外观	专业的精细化护理	
一级能力	市场洞察	研发设计	供应链能力	品牌营销	销售能力	服务能力
二级能力（核心能力）	宏观、行业分析	产品规划	供应商管理与开发	推广策略规划	团队建设与管理	用户关系能力
	消费者研究	新品设计&开发	需求及生产计划	营销活动管理	渠道开发与管理	公司员工培训
	热点、舆情分析	新品研发管理	生产与品质管理	品牌传播与沟通	推广策略、营销活动执行	内容/护理资讯储备
	竞争和竞品分析	技术储备&合作研发	成本控制	渠道资源		外部合作（论坛）
	关键成功因素			关键成功因素		

图 51　关键成功因素

5. 战略主题与业务策略

（1）关键问题

为了实现战略目标，企业需要聚焦哪些领域？制定怎样的业务策略？

（2）工作任务

明确未来的战略主题，并制定各战略主题下支持战略目标实现的业务策略。

（3）战略主题指引

从业务的关键成功因素出发，基于差距分析、行业分析、竞争分析和业务设计的输出，明确企业未来的1~3个战略重点领域及其预期目标和状态，制定相应的实现策略。其中包括业务发展策略和核心能力建设策略：前者可直接带来经营绩效，如市场拓展、客户开发、产品导入等；后者则对经营结果产生间接影响，如研发管理能力提升、渠道管理优化、供应链管理体系建设等（见图52）。

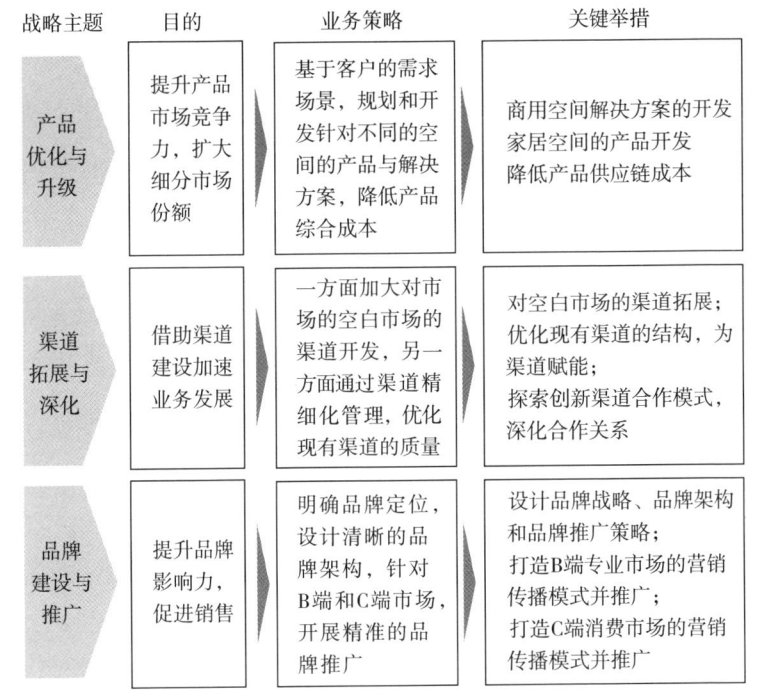

战略主题	目的	业务策略	关键举措
产品优化与升级	提升产品市场竞争力，扩大细分市场份额	基于客户的需求场景，规划和开发针对不同的空间的产品与解决方案，降低产品综合成本	商用空间解决方案的开发家居空间的产品开发降低产品供应链成本
渠道拓展与深化	借助渠道建设加速业务发展	一方面加大对市场的空白市场的渠道开发，另一方面通过渠道精细化管理，优化现有渠道的质量	对空白市场的渠道拓展；优化现有渠道的结构，为渠道赋能；探索创新渠道合作模式，深化合作关系
品牌建设与推广	提升品牌影响力，促进销售	明确品牌定位，设计清晰的品牌架构，针对B端和C端市场，开展精准的品牌推广	设计品牌战略、品牌架构和品牌推广策略；打造B端专业市场的营销传播模式并推广；打造C端消费市场的营销传播模式并推广

图52　战略主题指引

（4）下游输出

战略主题和业务策略的输出将为下游的"关键举措"模块提供战略方向和策略指引。

6. 关键举措

（1）关键问题

基于战略主题和业务策略，企业在战略周期内需要实施哪些重大举措来支持战略目标的达成？

（2）工作任务

明确关键举措和实施路径，以及关键举措的工作内容和监测评估机制。

（3）工作指引

列出战略关键举措清单，并通过商业价值评估和实施可行性程度进行优先级评估，制订实施计划；同时针对每一个关键举措制作项目卡片，明确其目标、衡量指标/方法、实施策略、工作任务、关键里程碑、责任人、相关支持方、所需资源等（见图53）。

（4）下游输出

关键举措的输出将向组织能力建设（组织、人才、

关键举措	降低供应链成本	目标	提高经营利润	衡量指标 成功标志	每年下降8%的供应链成本	总体负责人	×××
现状和能力差距	原材料采购成本较高,供应商单一;产品生产成本较高,生产工艺技术待优化,次品率高,生产人工效能低,生产设备利用率未饱和,制造费用机物料耗用高			策略描述	采购端:可寻找多家优级供应商,打破单一供应商局限;生产端:(1)降低次品及废品率,减少原材料损耗单价;(2)采用自动化手段,降低人工成本;(3)销售端提高销售订单量,利用未饱和产能摊薄制造费用单耗		

工作内容	工作说明	关键里程碑	负责人	时间
成本差距分析与标杆建设	通过对产品成本的组成诊断,进一步明确产品成本高的根因,建立成本标杆模型	完成成本差距分析报告 完成行业成本标杆模型建立	×××	2022年 第一季度
制定降低成本的方案并落地实施	从工艺(技改)、原材料、人工成本、成本评估指标等内容入手,结合成本差距分析的根因,制定降低成本的方案	设计完成降低成本的执行方案(第二季度) 推动方案落地并执行(第三季度到第四季度)	×××	2022年 第二季度 到第四季度
建立激励及监督机制	通过建立激励与监督机制,推动成本方案的落地和执行,加快产品成本降低	完成设计激励及监督机制 推动机制的落地执行	×××	2022年 第二季度

协作关联部门矩阵							
	营销	研发	供应链	服务	财务	HR	IT	系统
协作关联部门	Y	Y	Y					Y
前提条件/依赖关系	成本优化方案需要跟采购和生产流程进行适配							

资金、人力以及其他资源需求说明
资金需求:总计××万元改投资金 人力需求:总计××人(详细说明所需人才及数量) 其他需求:×××(除资金、人力之外的其他资源需求)

风险/应对措施	引入多家供应商会带来供应链质量的风险,因此需要对供应商进行资质评估,确保供应质量的稳定

图53 关键举措

流程、IT、文化、制度等）输送重点内容框架，并为关键举措项目卡片（含目标、指标、策略等要素）提供结构化输入。

7. 组织/人才

（1）关键回答问题

为支撑战略落地，企业需构建何种组织管控模式与架构？需要哪些战略性人才？

（2）工作任务

明确集团管控模式（财务管控、战略管控、运营管控），提出组织架构优化设计方案，明确战略性人才和关键岗位。

（3）工作指引

首先，根据行业与企业的特点以及战略要求，明确集团的管控模式（见图54），以及总部、业务单元和分支机构的权责划分；对组织架构进行优化设计，明确企业一级部门的职责分工，以及横向与纵向的协作关系；根据战略性能力的要求，明确企业的关键岗位和人才要求。

（4）下游输出

为人力资源职能战略提供重点工作内容的输入。

8. 流程/IT

（1）关键问题

企业需要怎样的流程体系和 IT 架构来支持战略规划要求的业务运营，以提升运营效率与质量？

（2）工作任务

完成企业的流程框架（L1~L3）梳理和 IT 规划。

（3）工作指引

基于业务价值链与领先实践，设计分级流程框架（L1~L3）（见图 55），并明确各层级流程责任人；梳理业务能力地图，形成企业业务架构，并据此规划 IT 架构，包括应用架构、数据架构、技术架构等。

（4）下游输出

为企业持续的流程优化与数字化建设路径规划提供基础依据。

	财务控制型	战略设计型	战略控制型	运营管理型
经营目标	■ 以追求投资回报、资本增值为唯一目标 ■ 无明确产业选择，通过投资业务组合优化追求资本价值最大化	■ 追求核心产业发展，有明确的产业选择 ■ 追求公司投资业务的战略组合优化的协调发展，形成战略协同效应	■ 追求多元产业按照总体战略发展 ■ 打造产业核心竞争优势，规模化发展	■ 追求战略和经营思路的严格执行 ■ 强调各业务单位经营行为的统一和公司整体协调成长
总部对业务单元的干涉程度	程度较小，灵活性较大 局限于财务考核与资本配置	比较有限，通常是季度性 关注战略、财务考核和指导方向	一定程度，频率较高 关注运营指标	程度较大 关注职能和运营层面，以及业务单元之间的互动
业务单元的独立性	在战略和运营上有自己的独立性 就财务表现向总部负责	在运营上有自己的独立性，在战略上有较大程度的独立性 费用水平和盈利能力向总部负责	有一定的独立性 就运营层面的表现向总部负责	较小程度的独立性 就功能表现向总部负责
总部关注的价值	股东价值	企业价值	首要遵循业务操作标准	首要遵循管理标准
人员的设置	负责财务、法律和投资者关系的人员设置在总部 其他设置在业务单元	负责战略、法律和财务的人员设置在业务单元 其他设置业务共享服务中心	负责重要运营的人员设置在总部单元	负责重要运营的人员都设置在总部
总部人员的角色	制定重要政策 进行财务整合	制定重要政策 决定战略方向 协调业务单元	制定具体的政策和程序	承担具体职责
总部人员的规模	小	较小或中等	大	大

图 54 不同组织管控模式特点

| 方法篇 | 129

图 55 企业流程框架

产品研发	市场营销	销售	制造与物流	客户服务
1.1 新品策划	2.1 市场洞察	3.1 销售目标与策略规划	4.1 制造计划预算和设计	5.1 客户管理
1.1.1 开发前期调研	2.1.1 市场与机会分析	3.1.1 销售目标制定	4.1.1 制造计划与目标制定	5.1.1 客户信息管理
1.1.2 产品创新策划	2.1.2 市场竞争能力分析与评估	3.1.2 销售预算制定与分解	4.1.2 工厂设施与人力规划	5.1.2 客户投诉处理（一般投诉）
1.1.3 需求调研管理	2.2 品牌战略规划与管理	3.1.3 销售目标分解	4.1.3 生产主计划制定	5.1.3 客户满意度管理
1.2 新品开发与测试	2.2.1 客户细分与选择	3.1.4 销售目标审视及调整	4.2 质量管理	5.1.4 客户忠诚度管理
1.2.1 产品开发立项以及生命周期管理	2.2.2 品牌定位	3.1.5 商务政策制定	4.2.1 质量标准的制定	5.2 售后服务策略与规划
1.2.2 产品原型制造及测试	2.2.3 品牌预算制定	3.1.6 销售业绩评估	4.2.2 质量管理执行	5.2.1 售后服务策略与目标的制定
1.2.3 产品试点和推广方案	2.2.4 品牌推广方案策划	3.2 销售管理	4.2.3 产品和服务采购	5.2.2 维保政策制定
1.2.4 质量产品签署	2.2.5 品牌推广执行与监控	3.2.1 销售N+X计划分解	4.3 采购策略规划	5.2.3 售后服务目标分解
1.3 现有产品优化策略	2.2.6 品牌推广效果评估	3.2.2 促销政策制定、执行与评估	4.3.1 供应商及采购流程评估	5.2.4 售后服务业绩评估
1.3.1 产品定价	2.3 市场营销策略规划	3.2.3 促销活动策划、执行与评估	4.3.2 供应商引入退出机制	5.3 售后服务管理
1.3.2 产品价格调整	2.3.1 产品定位	3.2.4 订单管理	4.3.3 采购执行	5.3.1 技术支持
1.3.3 产品配置调整	2.3.2 渠道策略与计划制定	3.3 销售执行与管理	4.3.4 采购管理	5.3.2 配件订单处理及发运
	2.3.3 市场推广策划与方案制定	3.3.1 销售线索跟进管理	4.3.5 供应商及采购流程评估	5.3.3 索赔处理
	2.3.4 市场营销预算制定与分解	3.3.2 销售过程与现场管理	4.4 产品制造	5.3.4 退换货处理
	2.3.5 客户分析	3.4 网络管理	4.4.1 产品制造	5.3.5 退换货管理
	2.3.6 客户画像	3.4.1 引入退出机制制定	4.4.2 记录保存	5.3.6 产品召回
	2.4 新品上市推广	3.4.2 经销商拓展	4.4.3 制造计划与资源规划表现的评估	5.4 售后服务执行管理
	2.4.1 市场推广执行方案评估	3.5 经销商管理	4.5 物流与仓储管理	5.4.1 售后服务过程管理
	2.4.2 市场推广执行方案执行与评估	3.5.1 经销商考核与激励	4.5.1 出入库	
	2.4.3 市场推广方案执行与评估	3.5.2 经销商辅导	4.5.2 仓储管理	
		3.5.3 经销商培训与产品认证培训	4.5.3 中转库管理	

9. 文化/制度

（1）关键问题

为落实战略规划要求，企业需要怎样的文化氛围、管理制度和机制以激发组织活力？如何通过系统设计保障企业健康平稳地运行？

（2）工作任务

完成企业的重大文化、制度与机制建设规划。

（3）工作指引

提炼核心价值理念，制定文化建设实施方案；建立并完善绩效管理体系与激励政策；优化内控与内部审计制度。

（4）下游输出

为文化建设、绩效管理、激励政策、内控与内部审计等领域的落地执行提供基础框架。

战略规划的整合内容将通过企业内部的战略研讨，不断被修订和优化，最终形成企业和业务板块的战略蓝图（见图56）。

企业使命	我们存在的意义和价值是什么？
企业愿景	我们希望成为怎样的企业？
战略定位和战略目标	◆战略定位：企业在市场上的角色定位是什么？ ◆战略目标：企业希望达成的经营目标是什么？
业务组合	基石业务：×××业务　　成长业务：×××业务　　培育业务：×××业务
战略主题	战略主题1　战略主题2　战略主题3　战略主题4
关键举措	✓关键举措1　✓关键举措1　✓关键举措1　✓关键举措1 ✓关键举措2　✓关键举措2　✓关键举措2　✓关键举措2 ✓关键举措3　✓关键举措3　✓关键举措3　✓关键举措3
战略支撑保障	◆组织/人才：×××关键举措　◆流程/IT：×××关键举措　◆文化/制度：×××关键举措

图 56　企业的战略蓝图

表 7 为企业的战略规划工作表。

表 7　　战略规划工作列表

战略规划模块	要回答的问题	输出内容	相关工具方法
业绩差距	过去企业执行战略的产生效果如何？与目标之间有何差距？产生差距的根本原因是什么？	业绩差距和根因分析	根因分析
机会差距	我们错失了哪些重大的业务机会？为什么？	机会差距和对策	—
战略意图	企业存在的意义和价值是什么？企业未来将发展成什么样？企业和员工共同认可和推崇的	使命、愿景、价值观、战略定位、战略目标	战略意图务虚会

续　表

战略规划模块	要回答的问题	输出内容	相关工具方法
战略意图	价值标准与行为准则是什么？企业在市场上的角色定位是什么？企业希望达成的经营目标是什么？		
市场洞察	影响行业和企业发展的重大宏观因素是什么？行业和产业生态链的发展现状与趋势是怎样的？行业中各个细分市场的现状和趋势是怎样的？各个细分市场的供给（竞争）和（客户）需求是怎样的？结合自身的现状与潜力和外部的业务机会，我们应该如何进行战略选择和定位？	宏观环境分析、行业分析、细分市场分析、业务机会评估和排序	PEST分析、产业链分析、市场细分、客户需求分析、竞争分析、关键成功因素分析、SWOT分析、SPAN分析
创新焦点	未来为确保企业和业务持续发展，保持市场竞争力，我们需要在业务模式、产品和市场以及运营模式等方面做出哪些重要的改变和创新？	公司未来的业务创新方向，创新实现的手段，以及明确创新带来的价值	商业模式画布、安索夫矩阵

续　表

战略规划模块	要回答的问题	输出内容	相关工具方法
业务组合/业务设计	企业未来的业务范围是什么？每项业务如何在市场中取得成功？	企业的业务组合和每个业务的业务设计	麦肯锡三层面业务、战略定位矩阵、业务设计模板、价值曲线
战略主题与业务策略	为了实现战略目标，企业需要聚焦哪些领域？制定怎样的业务策略？	战略主题和业务策略	关键成功因素分析
关键举措	基于战略主题和业务策略，企业在战略周期内需要实施哪些重大举措来支持战略目标的达成？	关键举措项目卡片和实施路径	关键举措项目卡片
组织/人才	为支撑战略落地，企业需构建何种组织管控模式与架构？需储备哪些战略性人才？	企业管控模式、组织架构、战略性人才和关键岗位	管控模式和组织架构设计方法、战略性人才识别与规划

续表

战略规划模块	要回答的问题	输出内容	相关工具方法
流程/IT	企业需要怎样的流程体系和IT架构来支持战略规划要求的业务运营，以提升运营效率与质量？	流程框架、业务架构和IT架构	APQC、PCF、CBM、企业架构EA方法论
文化/制度	为落实战略规划的要求，企业需要怎样的文化氛围、管理制度和机制以激发组织活力？如何通过系统设计保障企业健康平稳地运行？	文化建设、制度建设、机制建设	—

（八）战略规划 Q&A

Q1：如果企业的业绩与目标之间的差距领域很多，是否需要分析全部差距？

A：依据聚焦原则，建议选择3个左右的关键差距进行分析。

Q2：在根因分析中，如果发现导致差距的根因有很多，是否都要解决？

A：根据80/20原理，选择少数关键影响因素解决。

Q3：如果企业的大部分KPI都达成了，是否就没有业绩差距了？

A：可以通过与历史同期比较、跨部门比较或者与行业内的领先企业进行对标分析，来识别本企业的相对差距。

Q4：有些机会差距只有一些初步的信息，并不能进行深入分析和评估，怎么办？

A：可以先列出关于机会差距的初步想法，然后在市场洞察阶段再进行深入研究和评估。

Q5：战略意图中的使命、愿景、价值观、战略定位和战略目标这五项内容是不是都必须完整并输出？

A：使命、愿景和价值观一般比较恒定，各个业务板块/业务单元可以直接采用公司的使命、愿景和价值观，而战略定位和战略目标则必须针对本业务板块在战略周期内确定。

Q6：如果在战略规划开始的时候还没有清晰的战略定位和战略目标怎么办？

A：可以在完成其他战略模块的规划过程中不断明确自身的战略定位和目标。战略规划可以是多方交叉互动的过程。

Q7：市场洞察涉及的研究内容繁多，各项研究之间是否存在明确的逻辑顺序？

A：市场洞察通常有两种研究顺序。一是正向推导，宏观分析大环境和形势，中观分析行业趋势和细分市场，微观分析对标企业和自身企业，由粗到细、由大到小、由广到窄来发现业务机会；二是假设论证，即先提出战略假设和结论，然后制订研究计划，分别从宏观分析、行业分析和细分市场分析等维度进行论证，验证假设是否成立或被证伪。两种方法各有优势，通常对于我们相对陌生的和新兴的行业领域来说，第一种方法相对容易开展，而对于我们相对熟悉的和成熟的行业领域来说，第二种方法的效率较高。

Q8：通常我们应如何来定义行业和细分市场？

A：行业和细分市场的范围是根据战略规划所对应的组织和业务而定的，例如对于整个集团或公司战略而言，需基于各业务板块对应的大行业及市场来分析机会。而对于具体业务单元或分公司或子公司的业务战略而言，则需要聚焦于该业务所对应的子行业和细分市场来分析其业务机会。但总体来看，外部的行业和市场结构与企业内部的组织和业务分工之间可建立映射关系，从而优化战略规划的分工与协作效率。

Q9：在市场洞察中，如何有效获取行业和市场的数据、信息和洞察？

A：市场研究方法多样，包括一手市场调研、案头调研、引入第三方机构数据报告、专家访谈、自行建立数据模型推导等。需基于研究主题、行业成熟度和数据可得性等因素选择调研方式，而且往往需要采取多样的手段来实现，但切勿过于追求数据的绝对精确和可靠。战略规划是一个建立在有限信息状态下的最优决策或共识，并非科学研究，最终目标在于提升战略决策的有效性和成功率。

Q10：在战略规划上，我们应该重点关注哪些方面的创新？

A：一般而言，成熟的核心业务，可通过运营创新来提升效率和效益，成长型业务可以考虑通过产品和市场创新来支持业务增长，而新兴业务则可以通过探索业务模式创新来创造新的价值。但通常需要基于创新所带来的价值的大小和可行性去选择创新领域。

Q11：业务设计的主体和范围是如何界定的？

A：对于一家只有单一业务的公司而言，业务设计的主体就是公司总部；而对于由多元业务构成的集团公司而言，业务设计的主体就是各个业务板块（BG）或者业务单元（BU）。业务设计范围通常与"市场洞察"模块中"细分市场分析"的市场范围相对应，但不一定是一一对应关系，一个业务设计也可以对应多个细分市场，但"业务设计"中的"产品组合"中的产品线/系列一般与细分市场相对应。

Q12：我们经营的是一个成熟业务，是否还需要重新进行业务设计？

A：对于新业务而言，业务设计是全新的策划构建的过程，而对于一个成熟的业务而言，它是重新检视和优化的过程。但无论是新业务还是老业务，业务设计的目的都是围绕其核心要素，确保业务成功，保持竞争优势。

Q13：一家企业或者一个业务单元的战略一般会有多少个战略主题？

A：从战略聚焦的战略思维出发，一个企业战略或者业务战略的战略主题最好为3~5个，这样才能让组织上下明确战略重点，集中资源实现战略突破。

Q14：怎样区分战略关键举措和日常的重点工作？

A：战略关键举措是指对战略目标的实现具有决定性作用，且具备长期性、挑战性和连续性特征的工作任务。这类事项需要公司及业务单元专项投入资源（包括人员、时间、精力、资金等），通常以项目制方式统筹管理。而日常重点工作是指具有重复性特征、聚焦短期目标的常规业务运营活动。

十一

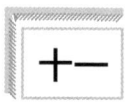

企业战略如何实施？

（一）业务计划

战略规划完成后，需将其分解并落实到企业经营活动中。年度业务计划作为战略管理体系中的核心工具（见图57），承担着战略活动与经营活动的桥梁职能。年度业务计划主要分为两个部分：一是对业务目标的分解，即基于公司及业务战略的总体业务目标，按照业务逻辑和组织架构逐层分解，形成子目标体系与部门级目标体系；二是对关键任务的分解，即将战略规划中的关键举措转化为各部门重点工作计划，涵盖投资、研发、销售、供应链、人力资源、流程与信息技术、融资等领域，并通过专项机制推动计划实施。

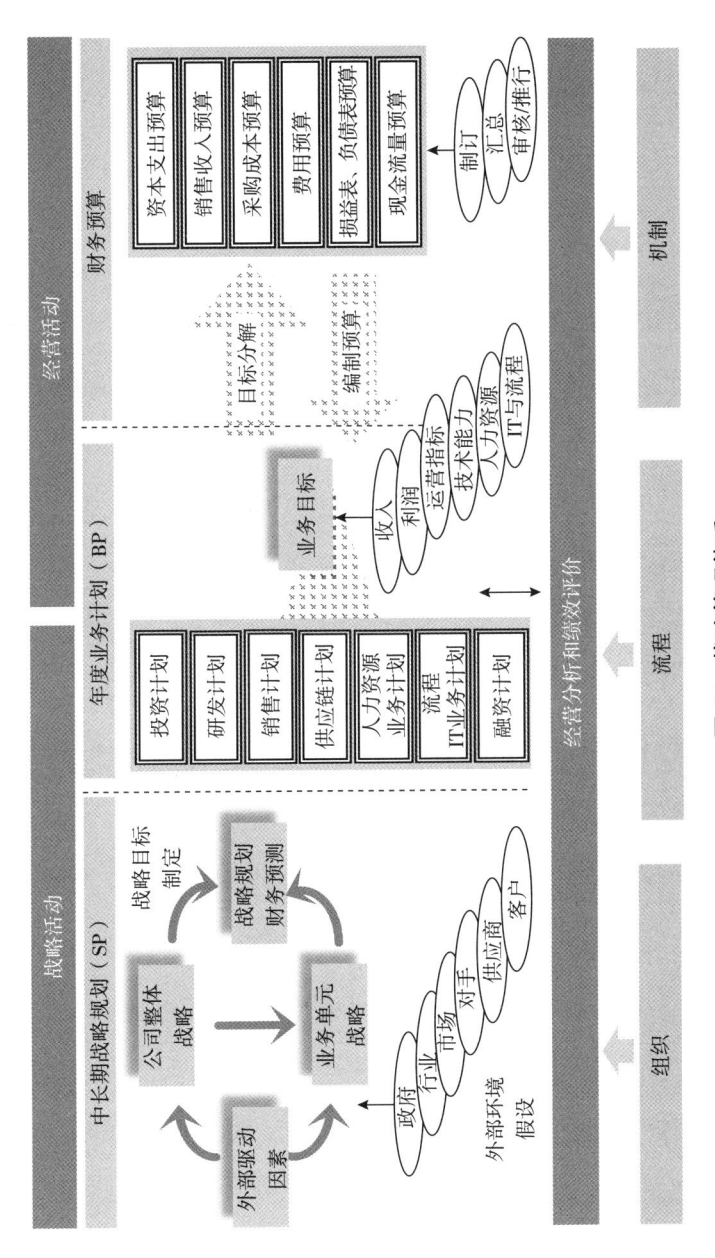

图 57 战略管理体系

（二）财务预算

财务预算是企业经营预算的核心组成部分，通过"现金预算""预计损益表"和"预计资产负债表"等工具，综合反映企业在未来一定时期（预算年度）内的现金收支、经营成果及财务状况。一方面，财务预算将经营结果目标具象化为可量化、可系统化的指标，确保目标可执行、可追踪；另一方面，基于业务计划需求匹配资源，并通过动态监控机制保障战略关键举措与业务计划的落地实施。

（三）战略绩效管理

战略的价值和意义在于实现企业未来的经营绩效目标，因此战略执行的本质是战略绩效的有效管理。为此，需要平衡计分卡，从财务、客户、内部流程、学习与成长四个角度识别战略关键成功因素，构建企业战略地图（见图58）。基于战略地图，将关键成功因素转化成可量化指标，构建公司级与部门级战略绩效指标体系（见图59）。通过对战略绩效目标进行层层分解，指导公司、部门及岗位的重点工作部署与绩效目标设置（见图60）。

| 方法篇 | 143

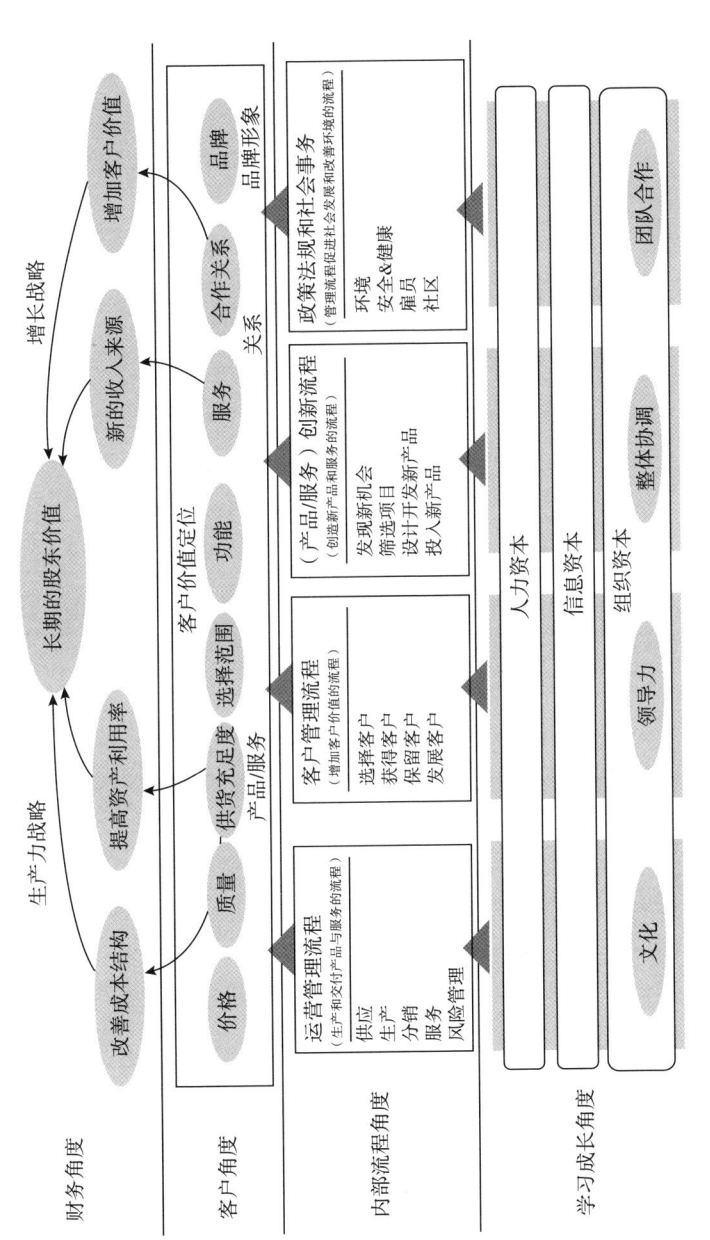

图 58 企业战略地图

144 | 全面战略管理指南——战略认知、模式、方法、能力

战略绩效指标体系

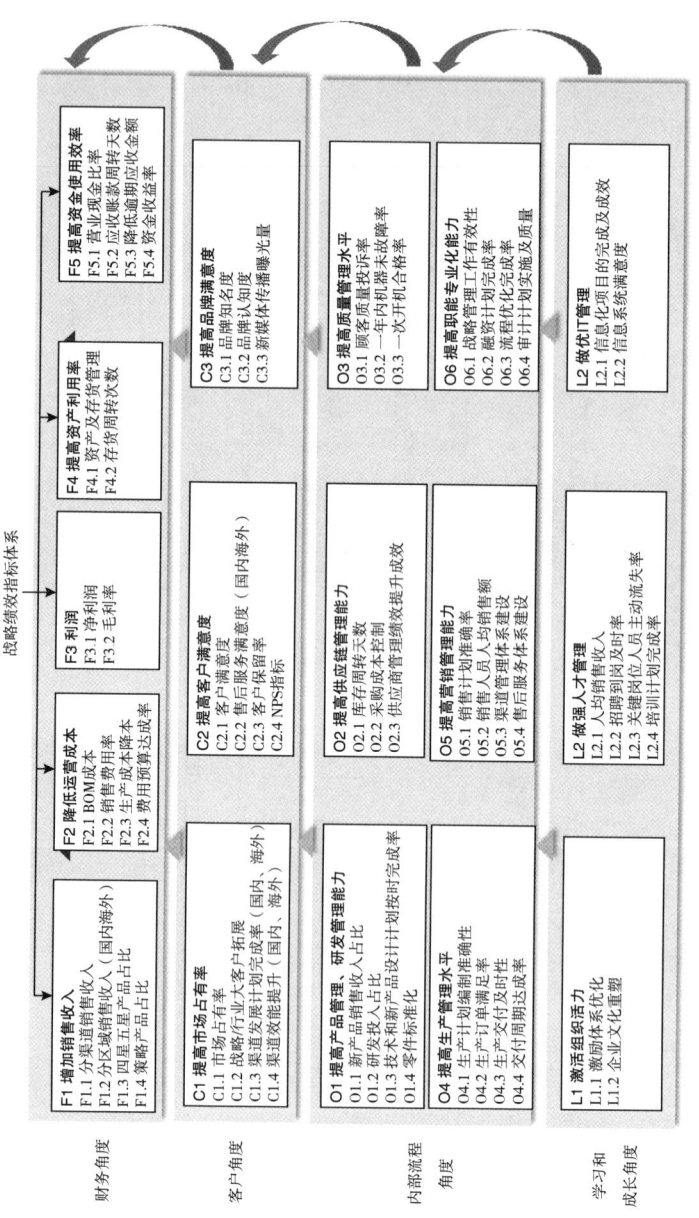

财务角度

- **F1 增加销售收入**
  - F1.1 分销渠道销售收入
  - F1.2 分区域销售收入（国内/海外）
  - F1.3 四星五星产品收入占比
  - F1.4 策略产品占比

- **F2 降低运营成本**
  - F2.1 BOM成本
  - F2.2 销售费用率
  - F2.3 生产产品成本降达成率
  - F2.4 费用预算达成率

- **F3 利润**
  - F3.1 净利润
  - F3.2 毛利率

- **F4 提高资产利用率**
  - F4.1 资产/存货管理
  - F4.2 存货周转效数

- **F5 提高资金使用效率**
  - F5.1 营业现金比率
  - F5.2 应收账款周转天数
  - F5.3 降低逾期应收金额
  - F5.4 资金收益率

客户角度

- **C1 提高市场占有率**
  - C1.1 市场占有率
  - C1.2 战略行业大客户拓展
  - C1.3 渠道发展计划完成率（国内、海外）
  - C1.4 渠道效能提升（国内、海外）

- **C2 提高客户满意度**
  - C2.1 客户满意度
  - C2.2 售后服务满意度（国内/海外）
  - C2.3 客户保留率
  - C2.4 NPS指标

- **C3 提高品牌满意度**
  - C3.1 品牌知名度
  - C3.2 品牌认知度
  - C3.3 新媒体传播曝光量

内部流程角度

- **O1 提高产品管理、研发管理能力**
  - O1.1 新产品销售收入占比
  - O1.2 研发投入占比
  - O1.3 技术和新产品设计计划按时完成率
  - O1.4 零件标准化

- **O2 提高供应链管理能力**
  - O2.1 库存周转天数
  - O2.2 采购成本控制
  - O2.3 供应商管理绩效提升成效

- **O3 提高质量管理水平**
  - O3.1 顾客质量投诉率
  - O3.2 一年内机器末故障率
  - O3.3 一次开机合格率

- **O4 提高生产管理水平**
  - O4.1 生产计划编制准确性
  - O4.2 生产投入占比
  - O4.3 生产订单执行性
  - O4.4 交付周期达成率

- **O5 提高营销管理能力**
  - O5.1 销售计划准确率
  - O5.2 销售人员人均销售额
  - O5.3 渠道管理体系建设
  - O5.4 售后服务体系建设

- **O6 提高职能变化能力**
  - O6.1 战略管理工作有效性
  - O6.2 融资计划完成率
  - O6.3 流程优化完成率
  - O6.4 审计计划实施及质量

学习和成长角度

- **L1 激活组织活力**
  - L1.1 激励体系优化
  - L1.2 企业文化重塑

- **L2 做强人才管理**
  - L2.1 人均销售收入
  - L2.2 招聘到岗及时率
  - L2.3 关键岗位人员主动流失率
  - L2.4 培训计划完成率

- **L2 做好IT管理**
  - L2.1 信息化项目的完成及成效
  - L2.2 信息系统满意度

图59 战略绩效指标体系

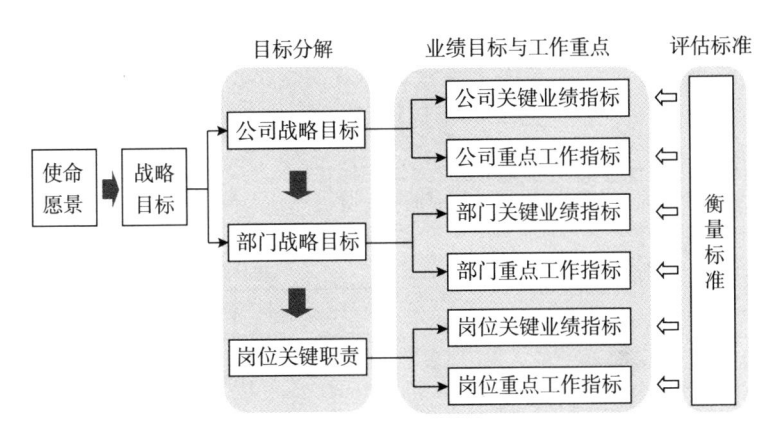

图 60 战略目标分解

（四）战略执行监控与回顾

战略执行监控与回顾主要包含两个层面：一是对业务结果的定期经营分析，主要通过月度、季度的经营报表及经营分析会，对各部门业务结果实施监控、分析与偏差纠正；二是针对战略规划关键举措项目（战略项目），通过项目例会或里程碑会议跟踪进度、评估节点达成情况，并及时跟进问题整改情况（见图61）。

（五）战略调整和更新

战略规划作为一项严谨的管理活动，通常不宜频繁

图 61　项目例会

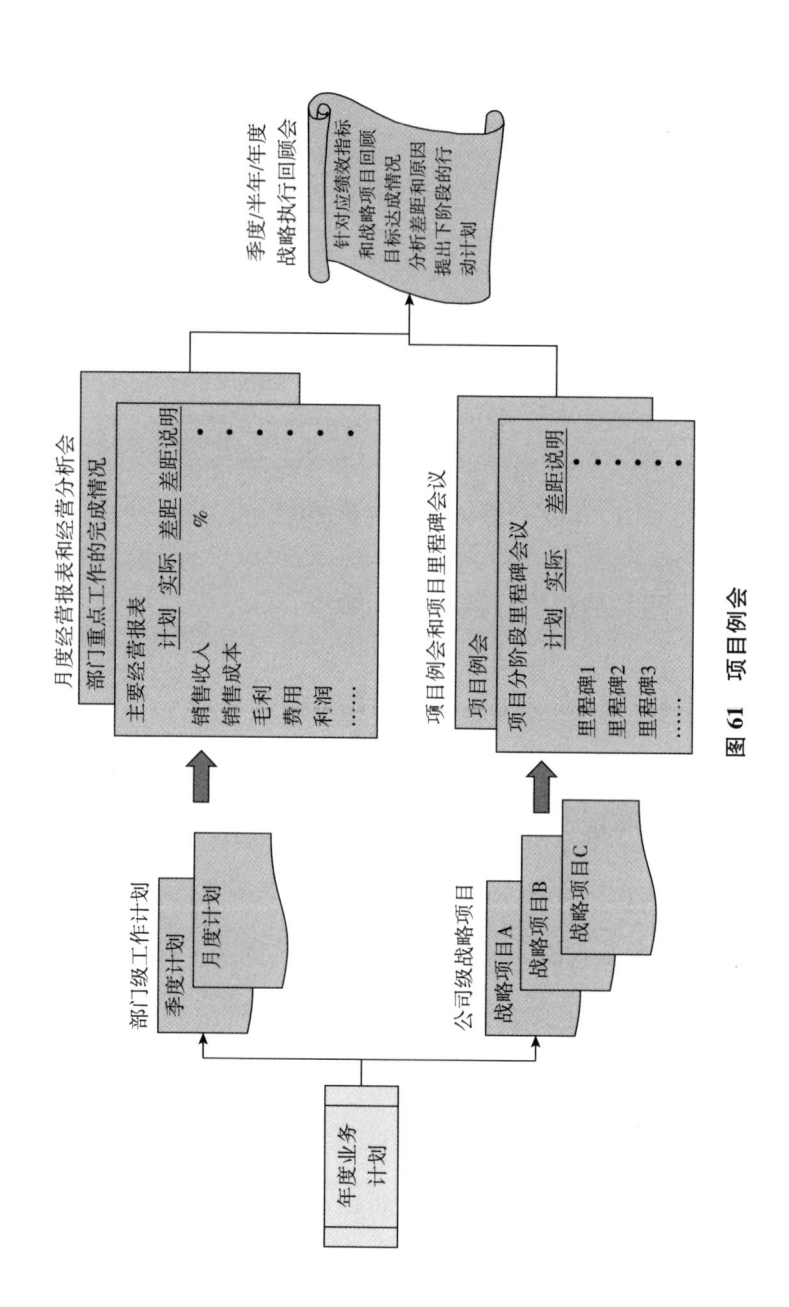

进行调整。但随着时间的推移，两类因素的变化可能会促使企业进行战略调整：其一，战略规划依赖的外部环境或关键战略假设（如宏观政策、产业环境、竞争环境、技术变革、市场需求等）发生重大变化时，企业需要对战略进行相应调整。例如中美贸易战引发的产业链重构，促使外向型企业调整海外市场布局，也使依赖欧美供应链的企业不得不优化供应链战略，以保障供应链安全。其二，当战略关键举措在执行中并没有达到预期效果时，企业会及时评估并调整业务策略与实施路径。综上所述，战略管理应遵循 PDCA 循环，在既定周期内实施动态管理（见图 62）。表 8 为战略执行工作列表。

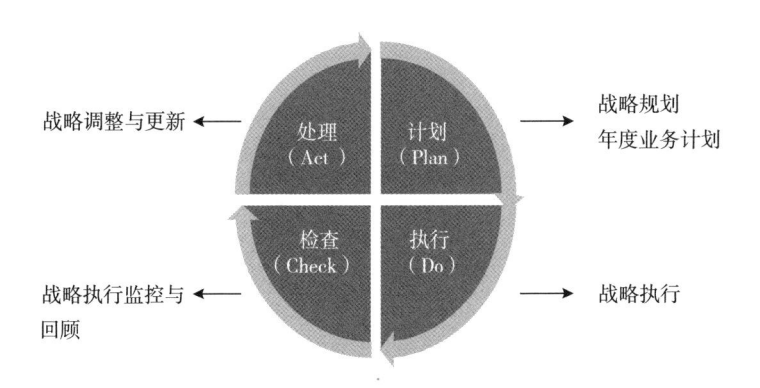

图 62　PDCA 战略管理循环

表 8　　　　　　　　战略执行工作列表

战略执行模块	要回答的问题	输出内容	相关工具方法
业务计划	如何将战略规划分解并落实到企业的经营活动中？	年度业务计划	年度业务计划模板
财务预算	如何确保企业财务经营目标的达成？如何进行资源的分配和配置，并进行动态管理，以确保战略的有效实施？	年度财务预算	年度财务预算模板
战略绩效管理	如何设置和分解战略绩效指标？	公司级和部门级战略绩效指标库	战略地图
战略执行监控与回顾	如何对经营情况进行监控、分析和纠偏？如何对战略关键举措项目进行跟踪和管理？	定期的经营分析报告和跟进行动、定期的战略项目跟踪回顾报告和跟进措施	PDCA
战略调整与更新	如何根据外部环境的变化对战略进行调整？如何根据战略执行的有效性对战略进行调整？	调整更新后的战略规划	PDCA

（六）战略执行 Q&A

Q1：通常企业在一年的什么时间进行战略规划、年度业务计划和财务预算编制？

A：通常与财政年度周期相匹配。在中国，多数企业选择自然年度的第三和第四季度开展战略规划、年度业务计划和财务预算编制，部分企业会延伸至次年第一季度。基本原则是尽量提前启动，确保有充足时间完成规划与编制工作，以保证质量。

Q2：年度业务计划中的业务目标如何设定？

A：年度业务目标源自公司、业务单元和部门的战略地图以及所对应的指标库。各部门需结合当年战略重点（战略主题和关键举措）及自身职能定位筛选适用指标，通过自下而上申报与自上而下指导的双向沟通，最终确定目标值。目标值可分级设定为保底目标与挑战目标。

Q3：如何确保战略实施的资源保障？

A：在年度业务计划中，除了业务目标与重点任务外，必须明确战略执行所需的战略性资源（人力、资金、物资等）及协作需求（制度/流程优化、跨部门协同等）。需通过跨部门联席会议对资源保障进行确认。

Q4：战略执行监控和战略更新的频率与周期是怎样的？

A：战略执行监控按月度/季度周期开展，重点跟踪业务经营状况与关键举措进度，实施偏差分析与改进；战略动态调整建议按半年度/年度周期开展系统性回顾与更新。

能力篇

十二

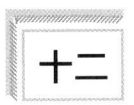

企业需要构建哪些战略管理能力？

企业需从哪些维度构建战略管理能力以实现可持续发展？笔者基于自己的管理实践与对标杆企业的研究，提出战略管理六力模型（见图63），其核心构成如下。

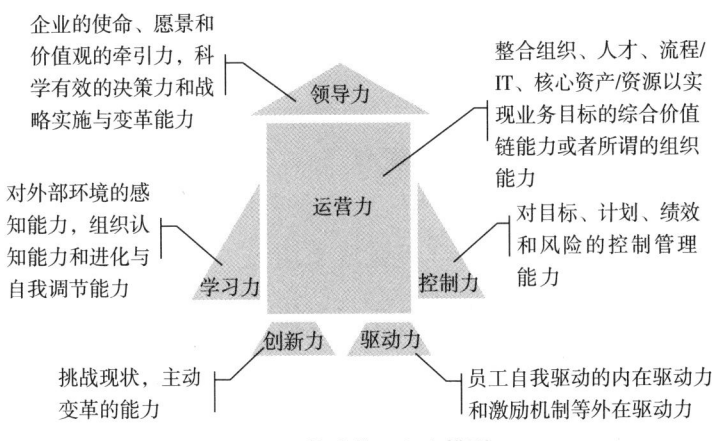

企业的使命、愿景和价值观的牵引力，科学有效的决策力和战略实施与变革能力 —— 领导力

整合组织、人才、流程/IT、核心资产/资源以实现业务目标的综合价值链能力或者所谓的组织能力 —— 运营力

对外部环境的感知能力，组织认知能力和进化与自我调节能力 —— 学习力

对目标、计划、绩效和风险的控制管理能力 —— 控制力

挑战现状，主动变革的能力 —— 创新力

员工自我驱动的内在驱动力和激励机制等外在驱动力 —— 驱动力

图63　战略管理六力模型

（一）领导力

战略的领导力决定企业发展的方向与质量，直接影响企业的成长上限与可持续性。战略的领导力包括三方面。

1. 愿景共建

与利益相关方达成高度共识，构建清晰的使命、愿景与价值观体系，实现组织凝聚与战略协同。

2. 科学高效的决策力

通过提升管理层战略思维、建立战略决策委员会等治理机制，提升环境洞察能力与战略决策质量。

3. 战略实施和变革能力

战略有效性需通过经营成果验证，要求领导层建立战略解码机制，驱动组织变革与执行闭环。以 IBM 为例（自 1911 年创立至今），其四次战略转型都体现了领导力与变革能力之间的协同。

（1）阶段一（1911年—20世纪70年代）

从穿孔卡片设备商转型为大型计算机制造商，奠定全球市场领导地位。

（2）阶段二（1980年—20世纪90年代）

向软件与咨询服务转型，构建开放式创新生态。

（3）阶段三（2000—2016年）

实施全球整合战略，重构价值链。

（4）阶段四（2016年至今）

聚焦认知商业与云平台，完成向AI驱动型企业的进化。

持续迭代的战略领导力与变革管理能力，使IBM在百年发展历程中成功跨越技术代际与产业周期，始终保持核心竞争力。

（二）运营力

运营力是企业整合组织、人才、流程体系、IT系统及核心资产等要素，通过价值链协同达成业务目标的组织能力。运营力是战略落地的核心支撑能力，当企业实施市场全球化（如从国内市场拓展至海外市场）、产品服务化

（从硬件扩展至软硬结合的解决方案）、产业链延伸（从制造业延伸至下游零售业）或价值链升级（从整机制造业延伸至上游的核心零部件生产）等战略变革时，必须同步重构组织能力体系，培养新型战略性运营能力。

（三）控制力

控制力是指企业在实现战略目标的过程中的管控能力，涵盖目标校准、计划执行、过程监控、绩效评估、合规管控与风险防范六大维度。如果把企业比作一辆汽车，那么控制力就体现在由战略导航（目标计划管理）、驾驶仪表盘（管理驾驶舱数据系统）、操作规范（合规制度手册）、制动装置（风险预警机制）共同构成的完整控制体系上。企业规模扩张与业务复杂度提升之间呈指数级正相关，此时，控制力成为抵御系统性风险的核心保障。恒大集团的暴雷事件就是一个典型的企业控制力失效的案例。

（四）学习力

学习力是指组织对外部环境的感知能力、认知进化能力与自我调节能力。首先，组织应成为一个开放包容且持续感知外部环境变化的有机体，而非一个封闭僵化的机构；其次，组织成员的集体认知水平可以不断提升，例如战略世界观、思维模式与决策机制持续革新；最后，组织需要具备自我调节与迭代进化能力，通过动态战略管理适应环境变化。学习力在新兴行业的初创企业中表现显著，但传统行业中的企业与成熟企业的学习力同样关键，可帮助企业避免落入路径依赖的陷阱，导致错失机遇或者发展停滞。

（五）创新力

创新是驱动企业未来成长与业务成功的关键因素。所谓创新力，就是挑战现状、主动变革的能力。许多企业往往在外部环境发生重大变化后，因内部面临挑战与危机才被迫启动转型和变革。正因如此，企业在顺境中通常缺乏主动求变的动力。以"神奇电脑"公司为例，当管理层遭遇销售问题时，仅通过促销手段便重获增长，导致其忽视服务品质这一根本问题。由于此类问题从出现到引发重大危机存在时间滞后性,若想确保可持续发展,企业必须具备系统思维及主动变革的勇气。IBM 通过四次战略转型延续百年基业的案例,正是其创新力的有力证明。

(六)驱动力

驱动力是战略管理其他五项能力的核心推动力,也是组织发展的底层逻辑。企业和组织由个体构成,但究竟是什么在驱动个体共同努力以实现战略目标呢?这里的驱动力可以分为两个层面:一是外部驱动力,即通过薪酬、奖金、股权、晋升、荣誉等外在激励手段激发个体能动性;二是内部驱动力,即通过企业的使命、愿景、价值观、文化氛围等因素,将个体愿景、目标和价值观融入组织更大的未来愿景,从而形成更强大和持续的内部驱动力。驱动力是企业变革的核心动力来源,需要企业高度重视,并通过系统性方法加以构建和管理。若按驱动力建设水平划分,企业可被分为三类:普通企业,其忽视对驱动力的构建;优秀企业,其系统化地运用外部驱动力管理手段；卓越企业，其聚焦内部驱动力，通过文化传承将个体与组织的愿景深度绑定。

（七）善智战略——全面战略管理赋能者

善智战略作为全面战略管理的赋能者，提供从战略设计到执行落地的全周期赋能服务。区别于传统项目式的咨询服务，善智战略以常年企业战略管理顾问服务的方式，与企业客户深度地绑定和协作，致力于提升企业的战略管理能力，帮助企业制定和实施可以带来显著绩效提升的战略。很多战略管理顾问来自国际一流咨询机构和领先企业，具有多年战略管理咨询和管理实践经验，拥有战略家的头脑、创新者的热情、私人教练的耐心和实干家的双手，帮助客户成就了不凡的事业。

使命：善智战略通过提供全面、持续和高效的战略管理咨询服务，帮助中国企业提升战略管理能力和水平，支持企业进行持续战略转型和管理升级，实现可持续的发展，从而为国家经济的发展和国民幸福感的提升贡献力量。

愿景：成为最受中国企业信任和推崇的战略管理咨询服务机构。

价值观：诚信　责任　专业　创新

相关的服务项目	联系方式
TSM 共创战略工作坊 全面战略管理常年顾问服务 企业转型专项咨询服务	网址：www.wisestrategytsm.com 邮箱：service@wisestrategytsm.com 微信公众号：wxwisestrategy

善智战略微信公众号

版权声明

1. 版权归作者谢健民所有。
2. 转载或者引用本书内容请注明来源及作者。
3. 对于不遵守此声明或者其他违法使用本书内容者,本人依法保留追究权。